名师名校名校长

凝聚名师共识
回应名师关怀
打造名师品牌
培育名师群体

# 扎根课堂，积淀教学智慧

## 高中历史学科核心素养培养策略

毛经文／著

北京燕山出版社
BEIJING YANSHAN PRESS

**图书在版编目（CIP）数据**

扎根课堂，积淀教学智慧：高中历史学科核心素养培养策略 / 毛经文著. — 北京：北京燕山出版社，2022.1

ISBN 978-7-5402-6165-8

Ⅰ.①扎… Ⅱ.①毛… Ⅲ.①中学历史课—教学研究—高中 Ⅳ.①G633.512

中国版本图书馆CIP数据核字（2021）第169258号

扎根课堂，积淀教学智慧：高中历史学科核心素养培养策略

著　　者　毛经文
责任编辑　满　懿
出版发行　北京燕山出版社
地　　址　北京市丰台区东铁匠营苇子坑138号C座
电　　话　010-65240430
邮　　编　100079
印　　刷　北京政采印刷服务有限公司
经　　销　新华书店
开　　本　170mm×240mm　16开
字　　数　203千字
印　　张　11.25
版　　次　2022年1月第1版
印　　次　2022年1月第1次印刷
定　　价　68.00元

# 前　言

　　2016—2020年，广东省高考文综历史试题是采用全国一卷。2021年，广东省实施新高考模式，历史学科自主命制高考题在按下暂停键五年之后又重新启动，将重回粤卷时代。因此，分析和研究五年（2016—2020年）全国一卷所呈现的命题规律，对高中师生应对未来粤卷时代的历史新高考，有重要的参考价值和标杆意义。五年的全国文综1卷历史题在四不变（命题方向不变、命题范围不变、考试两题型不变、考查主干知识不变）的前提下，立足于"立德树人、服务选才、引导教学"的核心功能，体现出了鲜明的四性（基础性、综合性、应用性、创新性）特点和良好的四度（试题难度、信度、效度、区分度）追求。做到了稳中有变、变中出新、新中能活，体现了命题人员的独具匠心与精雕细琢。试题从命题材料的选取不拘一格、四面八方、来源丰富、形式多样到文字、地图、图片、目录、公式、表格等材料的交相辉映，各美其美；从命题史观以唯物史观为统率，到其他史学视角的众彩纷呈、文明史视角、全球史视角、现代化史视角均有自己的一席之地；从命题视角开放多元、视野开阔、思维灵活到开放试题由官方给问题解决问题走向了自己找问题解决问题的创新；从试题立意高远、以史为鉴到以社会主义核心价值观为灵魂，把史学立意建立在当代社会立意和价值立意需要基础上的经世致用；从试题答案灵活多维到答案由标准走向参考、一题一解走向一题多解、观点正确走向观点明确、借用复述学者专家观点走向自成一说，大胆晒出自己的观点等等，无不体现着五年全国卷对"必备知识、关键能力、学科素养、核心价值"的追求与精彩。

　　2016—2020年的全国文综1卷高考历史试题以教育部考试中心主任姜钢发表的《坚持以立德树人为核心　深化高考考试内容改革》一文为蓝图，在照"图"施工中进一步体现和落实了"一体四层四翼"新的评价体系。五年的国一卷历史题都不偏不怪、难易适中，厚古薄今、强中弱西。基本做到了考点主干化、能力分层化、立意素养化。通过对关键能力和学科素养的考查，既服务了高校选拔人才和导向中学历史教学，同时也落实了立德树人的最高目标。精彩中藏着规律，平稳中透着方向与追求；无华背后暗藏玄机，灵活多变之处别有洞天。主干奠基、难度开路、素养搭台、热点唱戏是五年高考试题的精彩之处。本书通过对五年全国卷的分析与厘释，初步探究出了十一条规律：试题难度在高位中起动回落；史实真实成为试题生命底线；主干知识在微冷中趋暖回升；主题命题在意外中重现高考；时空观念在"长""大"中主宰试题；立德树人在养育中潜移默化；历史试题因历史解释而富养；热点问题在时政中切入长效；选择题型在稳定中走向成熟；主观题在新情境中明史知理；答题空间在平等中恰如其分。这十一条规律，不但体现了五年全国高考历史题的精彩与追求，更带给了中学历史教学与未来高考广东卷历史题的宏观性、规律性、方向性指导。

# 目 录

上 篇

# 立足核心素养的宏观思考

# 试题难度在高位中启动回落

开篇即谈五年国卷试题的难度，是基于试题难度对中学历史教学的重要性及其所具有的指导意义。五年全国高考试题的难度在高位运行中逐步走低的趋势，估计会影响今后广东历史卷的难度，精确分析五年全国卷的难度把控，有利于我们预估未来广东卷的难度，对指导高三历史复习、把准教学难度具有导向性意义。

## 一、五年全国卷的难度分析

历史高考试题题型主要有两大类，一是客观题（选择题），二是主观题（综合分析题）。影响试题难度的因素是多方面的，有考试性质、考试目的、考生认知特点、知识的广度与深度、学生对历史基础知识的熟悉程度、试题的情境化程度、情境材料的信息量、应答要求与文字数量、答题时间限制等等。全国历史卷高考命题人在充分考虑上述因素的基础上，比较灵活且较为合理地调控了整份试卷的效度、信度、难度和区分度，比较好地服务了高校选拔人才。五年全国历史卷的难度基本上处在高位运行中，正是从2016年开始启动回落与走低的。

把控高考试题难度的要求，从理论上来说应该符合三个有利于：有利于高校选拔人才，有利于中学教学，有利于考生的身心健康成长，这三者之间的关系应该是一种博弈共赢与相互制衡的关系。过去五年的全国卷历史题在高校选拔人才这一功能发挥得比较强势，五年全国高考历史试题对难度有较好地把握，试题难度也在高位中启动了回低，在博弈均衡中开始适度适合。能够让考生心平气和地沉着应考，基本达到了"三个有利于"的目标。具体表现在以下几个方面。

一是能力考查与能力标高没有超出高中学生的实际思维水平和认知水平。二是与政治、地理难度基本平衡，受到师生普遍认可。据有关资料显示，五年全国历史试卷的平均难度是0.45左右（所有数据均基于广东省），选择题的难度在0.45~0.50之间徘徊，非选择题的难度在0.35~0.48之间。在总体难度基本保持一致的前提下，选择题难度有所下降，非选择题难度有所上抬。从知识领域来看，古代史的难度在0.48左右，近代史的难度在0.46左右，现代史的难度在0.46左右；中国史的难度在0.45左右，世界史的难度在0.46左右。从命题的主观意图上来看，试题难度想呈现回落趋势，理想难度是在0.5~0.60之间，这个难度值是最有区分度的，充分体现了命题者在追求平稳中启动了难度的回落。三是从五届考生的考后反应来看，得心应手，情绪良好，"教的基本没考，考的基本没教"的调侃之声出现的不多。四是命题以考查主干知识为主，无繁难偏杂题出现，学生在审题和做题过程中没有陌生感，比较顺手顺意。五是命题材料无论是选取途径的不拘一格、来源丰富还是材料呈现与运用的形式多样，文字、地图、图片、目录、公式、表格等材料交相辉映、各美其美，抑或是文言文、西式翻译语言、历史小故事、历史文献的重新转述、现代文献等，都让考生没有生涩难懂的阅读障碍，都体现了清新简约但不简单的特点。六是以教材主干知识为依托，追求"利用新材料、建立新情境、提出新问题、得出新结论、建构新解释"的新情境化命题，让试题既源于教材，而又能够脱离教材、高于教材。七是试题没有刻意回避长效热点，从历史照亮现实处命题，关注现实，联系实际，相当多的试题体现出了现实是历史的延续、历史是现实的思考。八是五年全国高考一卷历史题的平均分、区分度良好，说明难度回落是不争的事实，但要做对依然很不容易；入题容易做对难，读懂题不是问题，问题是有些考生绕不过四处布满的"小陷阱"。九是过去是在陌生与恐惧中做错，现在是在熟悉与读懂材料中开心快乐地做错；不管做对做错，都会受到试题的正确价值观的教育与影响，实现考试也育人的目的，快乐应考与试题育人成了高考试题最典型的人文关怀。

## 二、高考试题是否越难越好

高考历史试题肯定不是越难越好，适度适宜才是最理想的追求。华南师范大学黄牧航教授在多次讲座中认为，一套好的试卷应该符合十项基本要求。

一是基于课程标准，测试题目的开发，必须保持与课程标准的高度一致，即试题所测量的知识、技能和其他心理结构应与标准的相应规定相契合。一份依据课程标准、反映国家对学生期望的试卷，才能算是一份好试卷。二是学科知识准确无误，科学性是不可触碰的红线与底线。要呈现基础的学科知识，确保表述的准确无误以及在观念上体现时代特征，力求避免学科知识的"繁、难、偏、旧"。三是有正确的价值取向。一份好的试卷必须蕴含高远立意，彰显核心价值，体现育人功能。四是有明确的考核目标。考试是目的性很强的活动，要制定双向细目表来严格规范命题，避免主观随意性和经验化处理。知识内容维度要有代表性，认知水平维度与各个知识内容维度对应匹配；赋予各部分的题量和分数相对合理。五是命题素材来源广泛，丰富多元。它不但能减少学生阅读的疲劳感和乏味感，提升试卷的亲和度。还能在测验的同时拓展学生的视野。六是呈现形式丰富多彩。题型越多样，所发挥的测验功能就越全面。七是命题思路灵活多样。命题切入角度越新奇、独特、多样，就越能开拓考生的思维，激发考生的创造力；越不容易产生偏题、怪题。八是有较好的效度、信度、难度和区分度。如果我们以难度为例的话，不同性质的考试所需的试题平均难度有所不同，选拔性的高考难度一般介于0.5至0.6之间，通过性的学业水平考试难度一般介于0.7至0.8之间，日常的检查性考试难度可以更高一些，建议在0.4～0.5之间。九是评分标准鼓励创新，便于操作。近几年引进的SOLO分层评价法则是一种较为先进的评分方法，另外还有PTA量表法、PISA评估法和国际上其他先进的评分技术也是值得我们借鉴和探究的。十是编辑规范、编排合理、印刷清晰。

一套成熟的历史试卷，从历史知识的广度上分析，每道题都考查了三个以上的且跨度比较大的知识点，要求考生有比较强的历史知识综合运用能力，对考生阅读能力、审题能力、提取有效信息的能力有较高的要求。从历史知识的深度上分析，所有试题都在理解、应用、分析、评价、创造等高阶思维层次上运行，单纯考查的识记题几乎没有出现在试题中；能引导考生准确把握历史知识的内在逻辑与联系，能够在新的问题情境中综合运用历史学科的基本概念、基本技能和基本方法进行历史知识的迁移，给出解决新情境中生成新问题的方案、方法和步骤。从历史知识的综合性上分析，历史知识之间的关联越广，关系越密切，对考生的领悟理解水平要求就越高。从历史试题的新情境上分析，要把试题与真实的问题情境交融在一起，把对历史知识的考查巧妙置于解决实际问题中。而新情境中的新问题，考生往往会不太熟悉，从而加大了试题的难度与区分度。从新情境材料的信息量上分析，试题信息量要大，阅读量要大，呈现解决问题的条件繁多且复杂多样。考生在解决试题所呈现的问题时需要在有限的时间内阅读、加工、提取尽量多的信息，想方设法找出试题所给出的条件与要求完成任务之间的隐秘关联，增加适度的对正确答案的干扰因素。从考试时间上分析，在有限时间内，考生需要面对题量大、阅读信息量大、文字书写量大等因素。

## 三、未来粤卷历史题的难度预估

对五年国卷高考历史试题的难度把控，有可能会成为今后广东省自主命制高考历史试题难度把控的风向标。估计今后广东历史卷的难度会游离于全国卷与2016年前的广东卷之间，即在全国卷和广东卷之间寻找一个难度的平衡点，让高考新模式背景下的广东试题比全国卷容易一点，比2015年前的广东卷难一点。原因如下。

第一，难度被"钦定"在合理范围。国家考试中心主任姜钢在《坚持以立德树人为核心深化高考考试内容改革》一文中，就明确定位了试题的难度必须是"合理控制试卷难度，发挥区分选拔功能等，……有效地保证了国家教育考试的科学性、导向性和规范性"。五年的命题人员可以说是在难度"合理"上下足了功夫，做足了功课，成功且合理地控制了试题难度。这也是五年国家高考试题难度缓慢下降的主要原因。降低难度和保持一定的思维力与考查功能是一对永远的欢喜冤家。今后的广东卷，也会在"合理难度"上下功夫。

第二，大学教育的普通化要求。大众教育时代的来临，大学教育从精英化走向基础化、通识化和大众化。这种普通化的大学教育，已无法为学子们提供"超额利润"，知识已不是改变命运的唯一途径了，也不是通向成功的唯一阶梯。事实上，现在的高考早已不再是选拔几个精英分子了，大学也不仅仅只是培养少数几个顶尖人才。当大多数人都有机会读大学时，试题就必须更多的是服务于广大平凡之辈的人性与成长，以良好的心态、健康的身体坦然面对生活的挫折与苦难，培养平凡、平淡、平坦、平静、平常的幸福快乐人不仅是今后中学历史教育的主要任务，也是高考命题降低难度的社会化要求。历史教育考试与高考命题不但要为精英服务，更要为平常人服务。因此，降低试题难度已成时代要求和大势所趋。

第三，人才不只是精英专属。当今世界既需要少数的高精尖人才，也需要大量做普通事的大众化人才。任何人只要他遵纪守法，对社会有所贡献，被这个社会所接纳或需要，他就是人才。社会对人才的需求趋向多元化和个性化，每个人都是这个社会不可缺乏的人才。即使是一只笨鸟，上帝也为它准备了一根矮树枝。因此，当今的教育考试与高考命题就必须伴随着社会的进步与发展，从能力为中心的教育考试体系走向"素养"为中心的教育考试体系，让考试不再只是为选拔和培养少数几个精英分子服务，它必须面向所有学生、为所有学生的成长成才提供优质服务。当考试是为所有学生成长成才服务时，试题难度就必然降下来，让所有学生普遍受惠，达到考试育人的目的。

第四，成功的标准悄然变化。健康、普通而幸福地活着也是人生的成功。教育的核心目标就是养育人格，让他们的精神站立起来，帮助他们找到幸福的生活方式，而不单单是世俗认可的高官厚禄或事业有成。"三平两健康（三平是平淡、平凡、平常，两健康是指身体健康、心理健康）"同样是一种成功，是一种社会上绝大多数人拥有的成功。当大学教育普及化、人才标准非精英化、成功标准悄然变化时，降低试题难度往往是一种大多数人渴望的人文关怀和成长渴望。

第五，2021年，广东省新高考改革方案的实施催生了教育的差别化、个性化时代。新高考模式中全面实行的选课走班制，进一步强调未来文理不明显分科的通识化趋势和减轻学生负担都会主动要求高考历史试题降低难度。

关于试题难度的评点，我在此还想多说三点建议。

一是中国经济发展不平衡的现状决定了教育发展也是不平衡的，全国如此，广东也是如此，这是广东高考命题所必须面对且无法回避的现实。如果让试题一味难下去，已不符合新时代高等教育大众化的新要求，且有损高考公平性的具体落实。应该说，适度降低高考试题难度是今后广东高考命题难以更改的趋势。

二是适当与适度的试题难度才是最好的试题。过去，特别是改革开放初期，基于知识的贫乏和知识对改革开放的重要，人们对知识十分渴求，如同一个人要解决温饱一样，中国初步形成了以"知识"为中心的教育体系。高考试题以复述或复制历史知识为主，量大覆盖面特别广。殊不知，当历史知识或考试难度过度时，学生知识过量摄入如同吃得太饱一样，容易成为不谙世事的书呆子，容易导致学生想象力和创造力发展下降，严重挤压学生未来发展与提升空间。随着改革开放的进一步发展和现代化进程，"能力"决定一切，能力解决一切，能力证明一切，全社会形成了以"能力"为中心的教育体制。对精英化人才的过度关注与培养在高考试题命制就表现为试题难度加大，考试场上变成了尖子生的独演。无论是知识体系还是能力体系，历史教育中的考试或试题难度都没有权利强行占满学生的全部时间和空间，花费全部精力。的确如此，成长期间，他们的主要任务是学习知识，培养能力，但这个主要目标不是学生成长的全部，要给他们留足自我反刍与成长的闲暇时间与活动空间，让他们更好地为自己的人生发展做好充分的准备。好的试题难度既要为学生成长打下坚实的知识与能力的基础，又要为他们未来发展预留足够的发展空间。

三是根据笔者多年观察与推断：试题要承担高校选拔人才的功能，广东省自主命题也是以高校专家为主，他们始终拥有专业与学术上的优势和自信，命题专家是站在历史专业者和研究者的视角。

**参考文献**

［1］姜钢.坚持以立德树人为核心深化高考考试内容改革［J］.中国高等教育，2015（12）.

# 主干知识在微冷中趋暖回升

考试大纲所规定的主干知识是保障高考命题公平公正的最佳选择，但直奔主干知识的直接命题，不但不能体现命题者的命题智慧，更不能有效考查学生的知识、能力及素养水平。五年的国卷高考历史试题一直都在坚持这样做，让历史主干知识开始在微冷中趋暖回升，每道试题基本上都找到了一个让人意想不到又在情理之中的角度切入历史主干知识。试题立足主干知识，构思巧妙新颖、活而不偏、新而不怪、平和中蕴新意，不断以阶段特征、时代背景、重大历史问题的影响与评价作为试题的主要内容，让考生从命题者选定的视角中分析出宏大的历史规律，重点考查考生对主干知识的理解与应用，突出对主干知识的活学活用，注重考察学生的学科素养与学科思维能力。这不但有助于优化未来中学历史教学内容，或减轻学生负担，或降低试题难度，同时也是今后广东省高考自主命题的方向性追求。

## 一、五年高考试题是历史主干知识的展示舞台

五年全国卷命题有四个层级和四个追求，四个层级是"必备知识、关键能力、学科素养、核心价值"。

四个追求是：

（1）"立足主干知识的基础性、强调主干知识的综合性（高考试题命制一定会一定的综合性与思维深度，选择题一定不会进行点对点考查，非选择题注重考查学生对学科体系的整体把握、主干知识之间的隐性联系，主题鲜明，主线突出。设问之间富有较强的逻辑关联）；

（2）追求主干知识的应用性（在敬畏历史真相的基础上剔除历史虚无主

义，学以致用，古为今用）；

（3）关注主干知识的迁移性（又称灵活性或创新性。知识的迁移性在高考命题更多为考查学生思维的灵活性与创新性。为了实现这一目的，高考命题往往会摆脱历史教材的羁绊，不拘泥于教材提供的现成结论。据说高校参与高考命题的教授在试题命制过程中，既不看课标和考标，也不看各个版本的教材，试题命制完后才去对应有没有太超纲。他们十分注重试题的创新，在自由开放和充分表达的基础上，深入挖掘历史学科主干知识的内涵，匠心选用题材，呈现新颖的试题情境，创新设问形式与思路。目的就是要鼓励学生发表独立见解，考查学生自主思考和独立发现问题、提出问题、解决问题的能力，养成创新意识与创新思维）；

（4）萃取主干知识的价值性（又可称养育性。历史学科有着自己特有的并且不可替代的价值性，有着学生成长成才所需要的独特营养，这些特有的精神营养就是历史学科最基本和最持久的情感态度，价值观与理想信念，如爱国主义、民族主义、以史为鉴、历史问题的现实思考、现实问题的历史追思等。历史考试大纲和考试说明反复强调：考查对基本历史知识的掌握程度；考查学科素养和学习潜力；注重考察在唯物史观指导下运用学科思维和学科方法发现问题、分析问题、解决问题的能力。历史高考内容的改革主要有四个方面：突出问题意识、强化理论指导、发掘人文内涵、构建能力目标。其中不可缺少的是'发掘人文内涵'，没有能力培养与人文养育的历史教育是不存在的，学生在成长过程中就会出现营养缺失或不均衡）。"

上述四个层级中的"必备知识"就是指历史学科的主干知识。即进入高校学习学生应该具备的基本历史知识，特别是与高校课程关联十分密切的历史知识，如历史学科中的社会史、学术研究新的动态与新成果，体现历史学科特点的一些方法、情境、情感、思维、思想、价值观与家国情怀等。四个追求中的立足主干知识的基础性。这个基础性对于高考命题而言，即试题的命制特别注重对历史学科的一些重要史料史实、基本概念和基本观点的多元化理解，提高学生对历史认识的高度或深度。无论是必备知识还是学科的基础性，它们共同的依托是历史学科的主干知识。当然，历史主干也不是简单或纯粹意义上的教材知识，也不是单纯的课标与考标，它是立足课标与考标基础上的课程知识、常识性知识、事实性知识、结构性知识等。当高中历史主干知识定位于课程知识、常识性知识、事实性知识、结构性知识，或是对历史主干知识的准确理解、深度解释与内在联系时，历史高考命题必然会在高难度处运行，这是暂时无法克服的悖论，未来广东省高考自主命题也只能在如此势态中前行。

**1. 以2016年为例**

2016年历史试题考的主干知识主要有，第24题考儒家思想，第25题考汉代经济，第26题考宋代政治，第27题考明代政治，第28题考近代中国经济，第29题考甲午战争，第30题考抗日战争，第31题考新中国外交，第32题考罗马法，第33题考英国君主立宪制，第34题考国际组织，第35题考马歇尔计划。第40题考清代和近代人口问题，第41题考制度构想与政治制度创新，第45题考唐太宗的谱牒改革，第46题考英国议会质询制度的变化，第47题考中美与越南战争，第48题考唐代名将唐仙芝的评价等。

**2. 以2017年为例**

2017年历史试题考的主干知识主要有，第24题从考商周时期的政治制度分封推动了文化的交流与文化认同入题，第26题从唐军与薛举在泾州作战失败入题，重点考查了史学理论中的历史叙述与历史认识论。第25题从汉朝廷直接管辖的郡级政区变化表入题，考查了西汉中央集权加强与变化，第27题以古代中国手工业发展明代玉器制造业为入题点，间接考查明代后期商品经济发展冲击等级秩序。第28题从晚清中国经济结构的变化、洋务运动增强兴办矿业信心入题，强调实体经济、商品经济和国有经济发展的重要性。第29题从近代中国思想解放潮流、留日学生的区域分布、影响留日学生区域分布不平衡的主要因素是地区经济文化水平与开放程度有别入题。第30题从中国军民的抗日斗争、陕甘宁边区政府抗日政策的变化是为了适应民族战争新形势的需要入题。第31题从1990年社会主义市场经济体制的建立、摆脱计划经济体制束缚的探索入题。第32题从古代雅典的人文思想根植于传统文化入题，说明其宗教神话具有朴素的人文思想。第33题从第一次工业革命的负面影响、社会贫富差距进一步拉大入题。第34题从美国等国对苏联的遏制政策及遏制政策未能阻止苏联经济的发展入题。第35题从世界格局变化冲击旧的世界经济秩序入题。第41从法国大革命中的民族主义与孙中山新旧三民主义中的民族主义入题。第42题同样是中外比较题，中外关联，史论结合。试题主要是比较14世纪～17世纪中外重大历史事件的内在联系。第45题是工资改革题，关注民生，调动积极性，推动经济持续发展。第46题是中美两国政府通过《开罗宣言》，重新向全世界庄严宣告：台湾属于中国，是中国不可分割的领土。第47题是传统文化题。

### 3. 以2019年为例

2019年历史试题考的主干知识主要有：宗法制、汉武帝的中央集权措施、唐朝的时代特征、明朝的经济、近代中国社会结构的变动、新文化运动、近代中国革命的性质、"一五"计划建设、雅典民主制、近代西方殖民扩张、第一次工业革命、现代艺术。

### 4. 以2020年为例

2020年历史试题考的主干知识主要有：分封制度受到挑战、隋唐时期我国绘画艺术达到高峰，隋唐绘画重情趣求意境、宋代经济发展，土地利用效率提高、清代的儒家思想观念、西学传播适应了兴办实业的需求、新中国成立前接管城市后生产的恢复发展、改革开放后企业的经营自主权逐渐扩大、雅典公民直接行使司法权、文艺复兴思想对人的认识、工业革命中资产阶级的贪婪、世界现代史保障国家经济安全、20世纪50年代至70年代中国与民主德国、联邦德国关系的变化及其原因、中德建立战略伙伴关系的历史条件、20世纪70年代以来中德关系发展的历史启示、史学理论与史学思想、清末新政在振兴商务方面采取的措施与突破、英法发生的争执及评价威尔逊的委任统治主张、苏绰被宇文泰倚重的原因、概括"六条诏书"的历史意义等。

## 二、未来高考试题为何只能考主干知识

多年的探索与实践证明，高考考主干知识是最符合"三个有利于"的，也是最能平衡各路神仙要求的，区分度也是最理想的。五年的全国卷历史题在这一点上旗帜鲜明，从过去的自发走向了自觉、自在走向了自为、偶然走向了必然，考主干知识已成了高考试题的最佳甚至是唯一选择，未来新粤卷也是如此。

第一，考试大纲是高考的"法定文化"，具有唯一性和导向性；学生是这个"法定文化"解读的核心承载人和运用者。从中学具体历史教学现实来看，相对于每一具体主干知识的解读是多元的：新高考背景下老四大版教材的

解读、辅导资料的解读、中学教师的解读、学生本人的解读与理解、高考命题专家的解读。在以上五个方面的解读中，教材对考试大纲的解读最接近考试大纲的要求；辅导资料对考试大纲的解读往往为学生多元化认识历史问题提供新的视角；中学历史教师起着重要的桥梁作用，他们要整合前两者以及本人对考试大纲的解读，并预先设定与高考试题建立某种联系的可能性，让学生有备无患；作为学生本人，他们是考试大纲解读的核心承载人和运用者，不但要了解和学习教材、辅导资料、教师等三者对考试大纲的解读，还要形成自己对考试大纲的理解和诠释，并在老师的帮助下把自己的这种理解与高考命题专家对考试大纲的理解尽量接近或趋同。这样，高考才有可能得高分。

第二，教科书本身的一版本化决定了教科书在命题专家眼里只是命题"文本"之一，不是唯一的"蓝本"，或高考命的"法定文化"；也不是历史教学与复习的唯一依据，仅仅是学生从容应对高考的课程资源之一。因此，学生在复习中，要以考试大纲为核心，按照它的要求，不拘泥于一套教材，采信最新的历史学术成果，结合自己的实际情况对教材进行合理的调整和取舍，或重新整合，积极地、能动地、灵活地使用各种资源为复习和考试服务。

第三，无论是老教材的四大版还是即将进入高考依托的新教材，在专家学者们眼里，都只是编者自己对教学大纲或考试大纲的理解，各有特点，各有长处，也各有不足。对考试大纲的解读虽然基本相同，但在史学史观、史学观点和具体历史史实的采用上存在着相当大的差异。这样一来，在很大程度上限制了高考命题一定要避开四大版本以及新教材在微观上的具体差异，更多地视角于四大版与新教材的相同点。因此，学生在复习时要注意宏观把握历史知识体系，不能只见"树木"不见"森林"；不仅在微观上要知道每一棵"树"的结构和特点及其与别的"树"之间的关系；更重要的是要在宏观上见到整个"森林"，明了"森林"纵横交错的关系。这样才能自如应考。

## 三、如何把主干知识细化成操作性很强的学习内容

五年的全高考试题青睐"主干知识"给中学历史教学和未来广东省历史学科自主命题带来了六个方面的启示：一是全国卷过去那种偶有对主干知识"不主动、不拒绝、不负责"的三不态度将一去不复返，未来高考命题将是主干知

识一统天下。二是高考命题所依托的"主干知识"既不是学生手中拥有的哪个版本的教材，也不是他们手中的复习资料。它只能是每年官方文件"钦定"的高考历史考试大纲。以五年为例，就是考试大纲规定的28个一级知识点和88个二级知识点。三是教科书本身的多版本化决定了教科书在命题专家眼里只是众多"文本"之一，已不再是唯一的"蓝本"或高考命题的"法定文化"；任何一种教材都无法成为高考命题的"范本"。四是四大版本教材共同表述的显性或隐性的史实、史学观点、史学方法等容易成为高考命题点。五是四大版本都没有出现过的，又是考试大纲所要求的史实材料、史学理论和史学方法更容易成为高考命题的"重头戏"。六是要善于突破思维定式，围绕主干知识多挖掘一些不同的视角和切入点，如第27题。即在学生的知识逻辑中，明清时期的专制主义中央集权的总趋势是不断强化的，地方设三司也的确起到了分解地方权力的作用。但凡事都有个度，当这个度太过的时候，一项好制度的负面影响也就体现出来了，明朝地方设三司就是如此，由于监察过严，相互制衡又过多，长时间造成了行政效率低下的负面影响，为了纠正这一点，才有了把临时派遣的巡抚演变为地方最高长官的措施和做法，目的就是为了纠偏和提高行政效率。强化之中有特殊，好制度也要在发展中不断完善。

官方文件"钦定"的主干知识点虽然具有很强的导向性，但相对高三学生而言缺乏可操作性，不便于学生进行针对性地复习。因此，我们还必须把"钦定"的主干知识细化成操作性很强的具体复习内容，并遴选出主干知识中的重点、热点、盲点，进一步拓宽视域和深化认识，以便高效应对高考。

**【例1】以中外古代史为例**

**第一，"钦定"的主干知识**

一级知识点（7个）：①古代中国的政治制度。②古代中国的经济。③中国传统文化主流思想的演变。④古代中国的科学技术与文学艺术。⑤古代中国的重大改革。⑥古代希腊、罗马的政治制度。⑦西方人文精神的起源。

二级知识点（20个）：①商周时期的政治制度。②秦中央集权制度的形成。③汉到元政治制度的演变。④明清君主专制制度的加强。⑤农业的主要耕作方式和土地制度。⑥手工业的发展。⑦商业的发展。⑧资本主义萌芽与"重农抑商"、"海禁"政策。⑨春秋战国时期的百家争鸣。⑩汉代儒学成为正统思想。⑪宋明理学。⑫明清之际的儒学思想。⑬中国古代的科技成就。⑭汉字的起源演变和书画的发展。⑮中国古代文学成就。⑯京剧等剧种的产生和发展。⑰商鞅变法。⑱北魏孝文帝改革。⑲雅典民主政治。⑳罗马法。

第二，主干知识的内容构造

（31个）1. 分封制目的、内涵、对象、影响。2. 宗法制特点。3. 皇帝制度特点。4. 三公九卿制度名称、相互关系。5. 郡县制过程、影响。6. 秦中央集权制度的影响：当时、后世。7. 汉到清政治制度的演变：中央官职、地方官制、选官制度。8. 小农经济：生产模式、耕作方式、经营方式、特点、评价。9. 土地经营方式的演变：租佃经营的演变。10. 金属冶炼、陶瓷成就。11. 手工业三种经营形态、特征、地位。12. 中国古代城市的发展：唐宋、明清时期的发展。13. 资本主义萌芽：时间、地点、行业、特征、缓慢发展的原因。14. "重农抑商"原因、过程、评价。15. "海禁""闭关锁国"原因、含义、影响。16. 孔子、孟子、荀子的思想主张、地位评价。17. 老子、庄子思想主张、评价。18. 韩非子主张、地位。19. 墨子主张、地位。20. 百家争鸣原因（政治、经济、文化、根本原因）、影响。21. 董仲舒新儒学新在何处、内容、作用。22. 宋明理学：理学概念、比较程朱理学与陆王心学、评价。23. 明清之际的进步思潮：背景、李贽的思想主张及其特点、三大思想家的共同主张、评价。24. 四大发明、天文学、数学、农学、医学成就。25. 汉字的演变：甲骨文—金文—小篆—隶书—楷行草书。26. 书法发展：魏晋后，书法进入自觉阶段—隋唐注重法度或狂放不羁—宋以后，注重个性。27. 绘画发展：战国帛画—魏晋人文画—两宋山水画/风俗画—明清新绘画（个性化世俗化）。28. 文学发展历程：诗经、楚辞、汉赋、唐诗、宋词、元曲、明清小说；宋明以后文学平民化趋势。29. 戏曲发展历程：傩戏、南戏、元杂剧、清京剧（背景、过程、特点、功能、地位）。30. 商鞅变法背景、内容、性质、影响。31. 北魏孝文帝改革措施、性质、影响。32. 雅典民主政治形成地理条件、三次改革、特征、评价。33. 罗马法发展过程：《十二铜表法》、公民法、万民法、《民法大全》；《十二铜表法》的背景、评价。34. 西方人文精神的起源，智者学派背景、人文主义内涵、代表人物及主张、评价，苏格拉底主张、影响。

第三，如何细化主干知识：以"重农抑商"政策和雅典民主政治为例

【例2】重农抑商政策

（1）含义：农业生产是本业；脱离农业生产的工商业为末业；限制甚至打击工商业，保护农业生产和小农经济的政策。

（2）原因：根本：自然经济的必然产物，是农业的基础地位和作用所决定（生活资料/财源、兵源）。直接：商业与农业争夺劳动力，影响农业生产甚至危及封建政权统治。

（3）目的：确保封建国家赋役的征派和地租的征收，巩固封建统治。

（4）过程与表现：

① 战国时期：商鞅变法首倡"重农抑商"政策。

② 西汉武帝时：大规模推行"重农抑商"政策。

措施：货币官铸、盐铁酒专卖、官营贩运、物价管理、向工商业者加重征税等。

作用：一定程度上抑制了富商大贾的势力，促进西汉国力的强盛。

③ 明清时期：继续采取"重农抑商"政策。

表现：a. 明太祖和清代雍正帝沿袭"重本轻末"治国理财思想；b. 实行专卖制度，垄断盐、茶等重要商品的经营；c. 对民营商业不断加征商税，破坏工商业的正当经营。

（5）影响：

① 前期：它促进了农耕经济的发展，有利于封建统治秩序的稳定，有利于维护国家统一。

② 后期：强化了农业和手工业相结合的自然经济，使中国封建社会特别漫长；压制了工商业的发展，从而阻碍了资本主义萌芽，是中国日益落后于世界潮流的原因之一。

【例3】以雅典民主政治为例

（一）产生的历史条件

（1）地理位置：地处亚欧非三大洲环绕的地中海，依托海洋，便于吸取亚非文明的营养。

（2）地理环境：多山、多岛；多海湾、多海港、平原少而小。重叠山峦和

海洋的天然阻隔，把希腊人分割在彼此相对孤立的山谷里和海岛上，形成了众多城邦小国。

（3）经济条件：经济以商品贸易和殖民掠夺为主。（原因：生产生活多样化即游牧、工商业、农业；因地少人多，使得古希腊因为本地的条件无法满足生存而对外扩张。）

（4）价值观念：古希腊形成宽松自由的社会环境，并较早地接受平等互利的观念。（原因：广泛的商业贸易、殖民及其他经济和文化交往活动。）

（5）政治条件：古希腊小国寡民的城邦，成为孕育民主政治的摇篮。

提醒：地理环境的复杂性是造成"城邦文明"的地理根源；经济生产方式的多样化是造成"城邦文明"的经济根源。

**（二）雅典民主政治的产生和发展（参考选修一《梭伦改革》）**

**1. 梭伦改革：奠定基础（公元前6世纪初）**

（1）背景：

① 平民与贵族矛盾十分尖锐——贵族在政治上的专横和经济上的压榨激起平民的反抗，导致雅典政局动荡不安。

② 工商业发展——成长中的工商业奴隶主阶级不满贵族专权，要求分享政治权利的斗争。

③外患——邻邦梅加腊沉重打击了雅典的海上贸易，促进了改革。

（2）内容：

① 颁布"解负令"，废除债务奴隶制（扩大了公民基础）。

② 确立财产等级制度：按财产多少划分4个等级，等级越高，权利越多，义务越多（打击了氏族制度残余）。

③ 改革国家权力机构：恢复"公民大会"，使公民大会成为最高权力机构（以往是氏族贵族议事会）；建立四百人会议（前三个等级公民可入选）；建立公民陪审法庭。

④ 鼓励发展农工商业。

（3）特点：具有折中主义色彩。

（4）评价：

① 经济上：促进了农工商业的发展，为雅典城邦的振兴富强开辟了道路。

② 政治上：动摇了贵族世袭特权，保障了公民的民主权利，为雅典民主政治奠定了基础。（但财产等级制使公民在政治上仍存在不平等）

**2. 克里斯提尼改革：标志确立（公元前6世纪末）**

（1）内容：

① 以十个地域部落取代旧的四个血缘部落。（打破血缘关系，削弱氏族贵族的势力）

② 建立五百人会议，代替四百人会议。（由部落抽签选出任何等级的50人组成，各部落轮流执政，处理公民大会闭会期间的日常事务，召集公民大会。）

③ 设立十将军委员会。（在公民大会上通过举手方式选出，可连选连任；首席将军执掌军政大权。）

④ 实行陶片放逐法。（民主原则：私有财产不可侵犯；少数服从多数影响：保护公民利益，制约官员，它对威胁城邦民主的人具有震慑作用。）

⑤ 继续扩大公民大会的权力。（雅典城邦的最高权力机构）

（2）意义：基本铲除了旧氏族贵族的政治特权，使公民的参政权空前扩大，雅典的民主政治确立起来。

**3. 伯里克利改革：黄金时代（公元前5世纪中期）**

（1）背景：

① 希波战争中，下层人民的政治地位大大提高。

② 雅典的民主政治在希波战争期间取得新的进展，民主派十分活跃，其领袖伯里克利担任首席将军。

（2）内容：

① 改革公民大会，扩大公民的参政范围。（所有成年男性公民可以担任除十将军以外的一切官职）

② 扩大五百人议事会的职能。

③ 提高陪审法庭的权力和地位，陪审法庭成为最高司法和监察机关。（从30岁以上的公民中产生，负责审案、监督公职人员、参与立法。）

④ 鼓励公民积极参政，发放工资。

⑤ 鼓励公民接受政治教育和文化熏陶，向公民发放观剧津贴。

⑥ 扩大十将军委员会的权力。（统率军队，参与政治）

（3）意义：这次改革体现了人民主权思想，雅典民主政治也进入发展的黄金时代。

**（三）雅典民主政治对人类文明发展的重要意义**

**1.进步性**

（1）雅典开创了西方民主政治之先河，在专制盛行的古代世界率先建立了较为健全的民主制度。

（2）其民主政体的理论和实践为后来欧美资产阶级提供了思想基础，为近现代西方政治思想和制度奠定了最初的基础。（雅典民主制为人类提供了一种集体管理的新形式，创造出法治基础上的差额选举制、任期制、议会制、比例代表制等民主的运作方式，实现了古希腊人关于"轮番而治"、既是统治者又是被统治者的设想，这是伟大的创举。）

（3）雅典民主政治是伟大文明的催化剂。使希腊人以主人翁的态度去从事各项事业，促进了古希腊的政治、经济和文化的极盛。

**2.局限性：是小国寡民的城邦体制的产物**

（1）民主范围：建立在奴隶制基础上的少数人的民主。妇女、儿童、外邦人奴隶没公民权，它是社会不公的一种暴力机器，这是其最大的历史局限。

（2）民主形式：抽签、轮流等直接民主形式，意味着不同素养的人享有同等的管理权，易导致权力的滥用，误用。

（3）民主后果：过于泛滥的直接民主，成为政治腐败、社会动乱的隐患。

如果进一步拓展希腊雅典的民主政治与思想文化这一历史主干知识的话，对苏格拉底之死的拓展与审思，有着特别的滋养意义与考试教育价值。

**（四）苏格拉底之死的拓展与审思**

苏格拉底之死是西方文明史上的悲剧。他用自己的最后一死，托起了整个世界，启迪着人类智慧。后世的德性与灵魂至今仍在接受苏格拉底之死的洗礼。同时，他的冤死也折射出了雅典民主制度的弊端，让古希腊从神的悲剧走向英雄的悲剧，并进而走向人的悲剧。苏格拉底之死既是雅典传统习俗、法律、宗教与苏格拉底思想主张的相爱相杀，也是雅典公民对于激进民主的盲目自信与苏格拉底极端自负的冲突。苏格拉底之死不但让痴迷于民主政治生活的雅典公民后来平反了冤案，更让后世不断从苏格拉底之死的历史隐喻中深思警醒与昭史鉴今，对养育中学生的核心素养有着更为丰厚的滋养价值与教育意义，毕竟知古育人与考试育人才是历史教育与未来高考的正道。

1. 庭审现场再回放：苏格拉底之死一案的来龙去脉

公元前399年，迈雷士等三名原告以不信神、另立新神，败坏青年为罪名起诉苏格拉底，苏格拉底对此做了自我申辩。在第一次投票前，苏格拉底像一个饶有兴致的斗牛士，又像一个教育芸芸众生的传道者，在民众法庭临时抽选的501位陪审公民看来，苏格拉底高高在上，态度傲慢，自负自大，不但没有博得他们的同情和宽恕，反而激怒了他们，首轮票决以281票对220票通过苏格拉底有罪。随后进行二轮量刑票决，主持法官依例让原告、被告分别提出量刑方案。原告提议苏格拉底死刑，而苏格拉底自己以清高与蔑视态度先后提议罚款一个明那、三十个明那、一百德拉克玛，敷衍了事，并反复申辩自己不但无罪，反而有功，应该得到城邦的崇高礼遇。苏格拉底傲慢的态度激怒与得罪了81位原本投票认为他无罪的陪审成员，民众法庭最终以361票对140票通过原告的量刑提议：判处苏格拉底死刑。一个月后，苏格拉底喝毒芹汁赴死。14年后，也就是公元前385年，雅典为苏格拉底平反昭雪，最终认定审判和处死苏格拉底是一宗大冤案，起诉苏格拉底的迈雷士以犯有诬告罪处以极刑，其他同案犯被逐出雅典。

2. 身临其境探死因：为雅典民主制献祭的一只公鸡

雅典城邦法律规定的审判程序民主而复杂，苏格拉底被处死一案在法律程序上是没有问题的。但程序合法不等于结果公正，造成结果非正义的问题又出在哪里？

（1）冤死于体制与时局

雅典城邦的直接民主制度，书写了苏格拉底一生的传奇，但也同时逼死了苏格拉底。一个城邦智慧者，却以十分悲壮的方式死去。可以说苏格拉底之死是冤于体制、困于时局。

① 成也体制，亡也体制。

要准确理解和全面探究苏格拉底被处死的原因，我们还得从雅典的直接民主制度说起。民主一词起源于古代雅典，意思是多数人的统治或人民主权，而雅典公民是指20岁以上的雅典成年男子。据后世历史学家综合测算和估计，伯利克里时代雅典居住人口约50万，拥有公民身份的约4万左右，不到总人口的十分之一。古代雅典直接民主政治机构有三个：公民大会、五百人议事会、民众法庭。雅典的最高权力机构是公民大会，议员从公民中抽签产生，不是选举获得，组成公民大会的规模保持在6000人以上，负责对雅典城邦的所有公共事务进行集体票决。由于公民大会每周都要开一次以上，每次会长时间约5小时，日常事务十分繁多冗杂，为此，公民大会下设常务机构——五百人议事会。组成人员亦是抽签产生，处理公民大会休会期间的日常事务，为召开公民大会做好各种会务准备。

民众法庭负责司法，判决的权力也在民众法庭。民众法庭组成人员是从自愿报名且年满30岁以上的公民群体中抽签产生，每年约有6000人成为民众法庭成员，任期只有一年，一生只有两次担任两次陪审的机会。若有一个或几个法庭同日开庭，城邦官员事先根据案件的多少和大小，从6000名民众法庭成员中抽签选出当日所需陪审总人数，再以抽签的方式随机分配到不同的法庭，组成临时法庭审理不同的案件。庭审中没有专业法官，也没有律师制度，只设临时主持人，负责组织审判并维持法庭的秩序。审理苏格拉底一案由501位公民组成，另有100位候补，审判结果由多数票决。在这里补充说明三点：一是个别教材版本把审判苏格拉底的民众法庭翻译成陪审法庭是不准确的。因为审判苏格拉底的民众法庭的主持人没有任何实质性的权力，仅是审判活动的组织者和监督刑罚的执行者；主持人不是法官，没有判决的权力，更不是主审官，无主审，何来陪审。因此，雅典的法庭应该叫民众法庭，不应该叫陪审法庭。岳麓版教材把它翻译成民众法庭的说法更准确些。二是当时三位公民起诉苏格拉底可不可以不立案，根据当时雅典的法律规定，不能不立案审判，有人告就必须要立案审理。三是雅典社会并没有把苏格拉底一案当作一个大案要案来审判，说不出雅典人有多么重视，民众法庭仅由501人组成。比照雅典同一时期审判的其他案件发现，较大案件一般都有2000人左右组成民众法庭，一些被认为是重大案件的，直接由公民大会审判，陪审的人数更多。

②时局不佳，时运不顺。

时局不佳、时运不顺也是造成苏格拉底被处死的重要原因。说他所处时局不佳，一是苏格拉底生活在雅典民主制由盛转衰的时代，不断进行的战争让他看到的雅典现实是：文明衰落、人性堕落、道德沦丧、社会风气败坏等，他迫切希望力挽狂澜、重振城邦。认为雅典迅速衰落的原因是道德堕落和人性败坏。若要恢复城邦秩序、复兴城邦社会，让城邦重现往日的辉煌，就必须提高城邦公民的道德水准，改善人性。他自认为他是神灵特意赐给雅典城邦的一只牛虻，整天到处叮咬雅典，催迫它不断前进，充当社会的"助产婆"，到处找人对话和辩论，让他们尽量能够提高德性和接近真理。

二是苏格拉底对雅典传统的道德体系提出了自己的质疑，公开且不断地批评雅典的道德准则，并试图探索与建立他自己认为正确的生活方式。他逢人便要求对方给道德体系中的抽象品质下定义，认为传统道德体系经不起逻辑推敲，摧毁了一批追随他的年轻人对传统道德的信仰。再加上伯罗奔尼撒战争失败导致城邦道德体系的整体性坍塌，雅典公民便把战争失败的责任转嫁给了苏格拉底，让他成了战争失败责任的承担者。

说苏格拉底时运不佳，也主要体现在两个方面：一是雅典公民对苏格拉底严重不满。他是一个善于反问和嘲讽的大师。雅典民众认为苏格拉底的谈话方式不仅惹怒了很多人，而且给人留下败坏青年的印象。他曾四处向人公开求证神谕：有没有比苏格拉底更聪明的人？一些声名显赫的人被他问得颜面扫地，不时有人对他拳脚相向。一些青年人学习和模仿苏格拉底的提问方式，质疑和挑战父母权威，影响了社会的稳定与安宁。

三是与他没有在民众法庭求情有关。有人提议苏格拉底向民众法庭祈求宽恕，但他拒绝了，让民众法庭陪审人员强烈感受到了苏格拉底的傲慢与不屑。事实上，在雅典法庭上，求情是有用的，被告或妻儿祈求法庭怜悯而减轻惩罚甚至宣判无罪的案例也很常见。

③时代愤青，被人起诉。

苏格拉底是一个典型的时代强者，清醒地看到了直接民主制的基因式缺陷。于上批评体制与"朝廷"，于下好为人师，不断教育他遇到的每一个公民，上上下下都让他得罪了个遍。

一是苏格拉底自视清高地认为：雅典已处于危险困境之中。大众缺乏理性，浑浑噩噩，不辨正义与真理，追逐私利，公民的参政权与参政能力的不协调，易受政治家蛊惑，失去正常判断力，易受流俗意见左右，等等。

21

二是众人皆昏，唯他独醒。自称是神赐给雅典的礼物，是神派到雅典的使者，他的责任与使命是像牛虻刺激慵懒的牛一样，唤醒、劝导昏睡麻木的雅典人。

三是恣意宣讲雅典的直接民主需要政治才能卓著的执政者，主张"精英政治"，认为统治国家的人需要有专业知识，轮番而治与抽签产生的国家管理人员缺少必要的专业知识。直接批评、挑战和动摇雅典直接民主政治制度的根基。而当时雅典的主流观点却认为：拥有知识、道德和智慧的管理者是直接民主制度的潜在威胁，精英与个人的优秀卓著是雅典神权思想和集体主义直接民主的最大敌人。

四是苏格拉底喜欢与人进行辩论，偏爱公开发表自己的主张，调侃神的神圣，主张引进新神，还质疑神的存在，甚至还宣传过无神论思想，大力提倡"未经省察的人生没有价值"，彻底激怒民主派与保守分子。

五是苏格拉底的直率言谈、数落批评与哲学诘问深深伤害了众人的自尊心。苏格拉底把漂洗羊毛的、做鞋的、盖房的、打铁的、种田的、做买卖的或者在市场上倒卖的人视为笨蛋和傻瓜，认为"他们除了低价买进高价卖出以外什么也不想"。起诉苏格拉底的三位雅典公民都曾经被苏格拉底深深伤害过：安努托斯是当时名扬雅典的一位从事皮革业的手工业者，就被苏格拉底斥责为"专制和愚蠢"，使他颜面尽失，引起了他极大的不满。才华横溢的诗人迈雷士和默默无闻的演说家（说客）吕康本也未能幸免，他们三人怀恨在心，密谋要除掉苏格拉底。

六是招摇过市，广招学生，传授自己的思想。这在当时雅典民众普遍相信奥林匹斯众神的社会背景下，是为社会所不容的。当时的雅典公民普遍认为苏格拉底亵渎了雅典神灵，毒害了雅典青少年。阿那克萨哥拉仅仅因为说了"太阳是火石"，就要被处死，后经伯利克里的干预与救助，才没有受到严厉的惩罚。

公元前399年，雅典民主派阿尼图斯指使才子诗人美勒托联合演说家（说客）吕康本和手工艺人迈雷士三人共同控告与起诉苏格拉底，由当时的执政官立案，交给了501人组成的民众审法庭。他们起诉苏格拉底的罪状有：一是"信奉异端邪说"，蔑视城邦法律。二是他的两个野心勃勃的学生克里底亚和阿尔基比亚使城邦遭受巨大的灾难。三是"败坏青年人的心灵"，腐蚀年轻人、教导儿童相信自己比自己的父亲聪明，轻视父亲。四是教育学生做"无懒汉"和"暴君"。五是亵渎神灵。不但拒绝承认城邦全体公民敬拜的神，而且侍奉其他的神，宣扬人的一切事务完全可以由人的智力来掌握。起诉状最后要求把苏格拉底判处死刑。

（2）送死于个性与情怀

苏格拉底既猛烈抨击雅典直接民主制的弊端，积极探寻解救雅典危机的方案，蔑视民众法庭的判决书，但他又遵循"守法就是正义"的道德原则，拒绝逃生机会。在生死抉择面前，苏格拉底本来有三条途径可以获得生的机会，一是向民众法庭求情，博得民众法庭的同情。二是接受罚款或者被流放，甚至还可以自我流放。三是越狱逃跑。据《克里托篇》记载：好朋友克里托在其临刑前一天，再次劝说苏格拉底越狱逃跑，但被他严词拒绝。因为在他看来，拒绝逃生有四条理由：一是作恶在任何意义上对作恶者来说都是恶的，不管受到什么样的挑衅，都不能对任何人作恶。二是只要协议是正确的，人就必须完成他的所有协议。违反协议就是在伤害订立协议的另一方，也就是对其作恶。三是他与雅典城邦之间有协议，即无论城邦做出何种判决，他都会执行或遵守。四是越狱逃跑违反了与城邦之间的协议，是在对城邦作恶，虽然能够活着，但不能活得好。三条求生机会他都放弃了，毅然决然地选择了向死而生。

苏格拉底之死，是一种"自愿被杀"，是一种基于灵魂、道德和法律的殉道。一是基于对完善灵魂与坚守信仰，视死亡为幸福之事。他认为人是肉身与灵魂的二元存在，肉身既是一种现实，也是灵魂的桎梏和枷锁。肉体最终要消解和毁灭；而灵魂却因单一纯洁而永恒，因掌握与拥有真理而不朽。当灵魂与肉体不可调和时，死是一种让灵魂摆脱肉体的幸福与崇高。例如苏格拉底被处死前，还特别嘱托自己最得意的弟子克里托代表他向医神献祭一只公鸡，以哲学家独有的方式敬告所有人：活着是一种病，死亡是治疗这种病的良药。正如他自己在《申辩篇》结尾所说："我去死，你们去活，但是无人知道谁的前程更幸福，只有神才知道。"

二是痴于教化社会、坚守道德理想。苏格拉底倡导贤人政治，主张以道德（"认识你自己""自知其无知"和"美德即知识"）改善民主制，并能为自己的道德理想而慷慨赴死。当法庭以"不敬神"和"败坏青年"等罪状判处苏格拉底死刑时，他在法庭上慷慨陈词，没有驳斥法庭对自己的指控，没有为自己本可以的偷生去辩护；而是利用这一段可以用来拯救自己生命的宝贵时间，继续针对时弊，以牛虻精神去激励和教化雅典城邦公民。

三是维护法律的公正。苏格拉底之死既有强制接受的被动，也有主观选择的主动。他不愿接受不公正的法庭判决，但法庭判决却是符合法定程序的，若以逃亡来摆脱法律制裁，在他看来是非正义行为。在其看来，活不活不重要，活得正当、正义和高尚，才是最重要的。他宁愿守法而死，不愿违法而生。所以他选择以一个讲求个人德性的贤哲和极具社会责任感的公民，守法赴死。

**3. 管小窥天析弊端：古人的局限是后人存在的价值**

古人的不足是后人存在的价值。雅典民主、自由、法治的不足与局限是近现代民主、自由、法治的发展空间，近现代民主在承继古代民主基本原则和理念的基础上，赓续相承，扬长避短，展拓开新，建立了一个运行良好、协调发展与开放的成熟民主制。近现代民主制把雅典的直接民主制发展成为间接民主制，把民主政治生活中的"全职公民"拓展为"兼职公民"，把非对抗性民主发展为对抗性民主，把直接民主制中几乎缺失的权力制衡发展成为比较完善的相互制衡，把直接民主中追求的"谁来统治"转变为间接民主追求的"如何统治"。把集体民主中的强制性的"积极自由"开新和拓展为以个体自主选择为基础的"消极自由"，让充分的积极自由和消极自由相辅相成，互为表里，相互促进，使民主走向制度化和法治化，为民主创造了一个可操作平台和稳定运行空间，把直接民主偏向激情的特性引导到了理性的轨道，彰显了消极自由的奠基性，让近代民主制度因此而伟大，亦因法治而崇高。

（1）为间接民主提供借鉴

雅典的直接民主要求每个公民是政治事务的全职公民，追求公共的共同的利益，抛弃个人和小团体的利益，公民受到了严格的要求，直接民主决定"谁来统治"，但容易导致的"多数人的暴政"和法律灵魂丧失，让公民不自觉成了制造苏格拉底冤死案的凶手。雅典直接民主制度的不足表现在以下五个方面。

一是相对平凡平庸的民主主体。雅典直接民主政治追求政治权力掌握在全体雅典公民手中，人民主权，轮番而治。从人类整体和现实情况来看，优秀分子的比例永远都是少数人，绝大多数人都是平凡和平庸的，一般情况下都很难具备管理城邦或国家所需要的专业知识和管理能力。一位政治家可以是普通家庭出身，但他个人的能力不能平庸。恰恰是一群平凡甚至平庸的雅典人聚拢在一起，而且还是抽签临时组合的民众法庭。对城邦法律案件进行投票判决，很难做到客观理性和正义公正。

二是难以科学决策的民主方式。雅典民主决策采取一人一票的票决方式，只要是雅典公民，不管职业、能力有没有差别，每个公民都拥有城邦政治事务的决策权。从表面上看，雅典所有公民都是公共利益的代表，每一项决策都代表了全体公民的意愿。但这种过度追求民主的形式平等，往往忽略和掩盖了科学决策、个人能力、政治素养上的巨大差距，容易导致多数人暴政，甚至侵犯与牺牲少数人利益。当这些昨天的鞋匠、农民、手工业者一跃成为今天手握国策国运的一员时，决策者与治国者的良莠不齐如同木桶短版原理一样，容易导致低效与混乱，拉低政治良性运行的整体水平。无知者无畏，无能者无效，最终给雅典带来"苏格拉底式"的悲剧与灾难。

三是多数票决制度的零和游戏。雅典的直接民主体制将多元化的复杂社会利益简单归结为多数和少数的关系，看似代表公民最广泛的利益，似乎很公正。但实际上，他们是把复杂的政治运行过程简陋化了，背离与扭曲了民主的终极意义。完善的民主体制应该是保护所有人和所有团体的利益。社会是多元的，有形形色色与方方面面的不同类型、不同规模的个人与团体利益，都值得民主制度去尊重与保护。不能用简单的多数票决制实施简单的一刀切，舍小保大，以多欺寡，这是非此即彼的零和游戏。

四是滑入群体盲目的多数暴政。雅典的个体公民是隶属于城邦的，城邦利益高于一切，个人利益必须服从于城邦利益，甚至是城邦利益全面取代了个人利益。直接民主制下的少数服从多数，多数即是原则和法律，到了法庭上，决定被告是否有罪的不是铁证如山的证据链，而是多数人的投票说了算，连刑罚的多少与轻重也是由民众法庭投票决定。在苏案的审判过程中，有80名民众法庭成员在第一次投票时认定苏格拉底无罪，却在量刑时投票判处他死刑，这恰恰说明抽签产生的陪审公民缺乏专业审判人员应该拥有的理性与冷静，容易受冲动、易变、单纯、轻信、急躁、偏执、专横、保守、夸张、暗示等情绪影响，不仅容易影响和动摇意见不同者在多数压力下的理性与客观判断，而且容易将公民群体的盲目性导向多数人暴政。起诉苏格拉底的迈雷士后来以犯有诬告罪处以极刑，其他同案犯被逐出雅典。它同样是一起滑入群体盲目的多数人暴政，是用后一次多数人暴政的错误去纠正前一次多数人暴政的错误，并没有从制度的根源上进行校正和完善。苏格拉底式悲剧不是第一个，也绝非最后一个。

五是缺失决策失误的追责机制。雅典直接民主严重缺失决策后期责任与失误的追究机制。由于参与决策的公民对决策可能产生的失误与责任根本不需要担心，也很难伤害到自身的利益。如此，则容易造成他们决策时大胆、冒险而缺乏谨慎性、约束性。当决策没有追责机制时，没有约束的权力，不管是在专制者身上还是在直接民主制的公民手中，都非常容易演变为暴政，一人专制与多数人暴政本质上是一样的。如同我们今天已无法追究是哪一位或哪几位历史人物对苏拉底之死负责任一样。

正是基于雅典直接民主制度的基因式缺陷，从古雅典"三贤"到古罗马共和国西塞罗的反思，从文艺复兴到启蒙运动等多位思想大家对他的深度剖析，后世先贤们把直接民主制度的"民主"，逐渐改造成近现代代议制民主的"选主"，避免了雅典直接民主的弊端。

（2）彰显消极自由的重要

雅典的直接民主最大限度地发挥积极自由，让所有公民都拥有执政与管理国家事务的权利，有机会理政国家大事。但雅典人分享直接民主制下的自由与平等，是基于集体民主的积极自由，个体必须服从于城邦的集体利益。雅典公民几乎每天都要参与政治活动，没有薪酬与工资待遇，不能以此来养活自己和家人，很容易身心疲惫；但法律的强制力和宗教义务又迫使公民不得不这样做，公民既有发自内心的意愿，也有外力的强行推动。过频、过繁、过滥的政治公务活动最终让雅典公民成了"政治动物"（亚里士多德语），而个体不受他人干涉的消极自由被完全忽略，具体表现在以下两个方面：一是积极自由具有强制性，是政治事务中的"全职公民"，但它严重侵犯基于宽容的个人消极自由。对于雅典公民而言，自由只是一个政治概念，公民必须参加城邦政治生活，个人或小集团利益服从于集体利益，私人空间不受保护，他们是集体中的主人，却是个体中的奴隶。从苏格拉底之死中，我们可以看出，雅典直接民主体制所带来的自由，是以公民参与政治为主要体现形式的积极自由。这种积极自由往往过度强势奔溢，容易忽略公民个体应该享有的消极自由，是公共空间对私人空间的强势扼杀。这与封建社会专制主义服从一人统治没有本质上的区别，一人暴政与多数人暴政仅仅只是人数多少的区别。二是雅典直接民主并没有赋予城邦集体之外的个体的消极自由。即雅典直接民主追求的是公民能为集体贡献什么，强调个体对集体民主应尽的义务，必须做；而不是城邦集体能为公民做什么，公民没有可以选择不参加民主政治活动的消极自由，严重缺失基于个人民主权利的规定，如没有规定个人言论自由和宗教信仰自由。这恰恰是苏格拉底悲剧的制度性根源之一。

正是基于苏格拉底之死的悲剧，近现代的代议制间接民主制度守正创新，在继承积极自由的基础上拓展了自由中的消极自由，并确定与厘清了积极自由与消极自由之间的辩证关系：积极自由以消极自由为前提，消极自由是积极自由的基础，积极自由是促进消极自由的工具和保障，两者相辅相成，缺一不可。承认现代公民只是民主政治生活中的"兼职公民"，可以追求个人幸福，可以从事任何不违法不危害他人的事情（如挥霍自己的合法财产），可以对政治民主生活冷漠。让现代民主以个人的消极自由为基础，既享有某些不可剥夺的权利（如天赋人权、法律赋权），同时还拥有不受国家干预的私人空间或领域。让自由既有从属于集体的积极自由的一面，也享有作为个体自由独立性的消极自由的一面，凸显出了个人消极自由的重要性与至高无上性，且理所当然地受到法律的严格保护。

（3）民主制因法治而崇高

民主是感性的，它崇尚激情，而激情需要理性的约束，只有法治才能预防和制止多数人对正义的威胁。只有把民主纳入制度化、法律化的轨道，民主才有一个可以操作的平台和稳定运行的发展空间，缺乏约束的民主具有极大的不稳定性和破坏性作用。

第一，苏格拉底之死的人治悲剧。民主追求平等，法治追求公正，但平等并不一定会带来必然公正。雅典直接民主虽然也存在法治，但在法律的来源与创制权上，却是以多数意志取代正当的司法程序和法律的权威性，人民主权高于法律，多数人意志即法律，是一种表面法治之上的人治，苏格拉底之死恰恰说明了雅典民主制缺乏法律的保驾护航。

一是雅典审判苏格拉底的民众法庭并不是真正意义上的现代审判制度，民众法庭缺乏专业的法官团体，没有专业的法官，只有一名临时抽签产生的法务主持人，并负责法庭审判秩序。民众法庭的主体成员是由普通公民随机抽签生成，没有专业的法律素养与相关知识背景，不曾接受过法学专业教育，直接通过票选决定评判结果。没有制度或者法律条款来约束民众法庭成员的投票行为，也不必对自己的投票行为负责，如此，则容易导致民众法庭成员根据自己的好恶，随意地行使自己的投票权力。

二是是否有罪是由得票多少来决定，不是基于原告控诉的罪名是否属实，证据是否真实客观，是否构成铁证。民众法庭一旦做出评判或票决被告有罪，不论被告是否真的有罪，也不管被告是否认罪，则罪名立即成立。由于有罪与否取决于票选，当事人申辩特别重要。苏格拉底既没有在申辩过程中拔高自己的德行，也没有夸大自己遭遇的不幸去博得民众法庭的同情，达到减轻自己接受处罚目的。苏格拉底不但没有这样做，而且还借此机会，大讲特讲他的忧国忧民以及对城邦体制的反思。

三是本应是公正而客观的法庭评判还会受到人们从众心理的影响。容易被所谓的"民意"左右，如民众法庭成员的非理性主观情绪；甚至被一些别有用心的人所利用，如政治家的煽动性演讲，容易让民众法庭评判的结果将会偏离正义的轨道。当时，苏格拉底与亚西比德、克里提亚是师友关系，直接引发了雅典民主派和雅典公民对他的极大不满。亚西比德主张和出征西西里，其后又叛逃斯巴达，并建言献策打败雅典，雅典人把怒火转移到他的好友苏格拉底身上。雅典战败后，斯巴达在雅典建立了僭主政治。三十僭主之一的克里提亚残暴嗜血，残酷清洗民主派，而克里提亚曾经就是苏格拉底的学生。雅典公民推翻"三十僭主"后，对危害雅典民主的一举一动异常敏感，极力遏制。审判苏格拉底的民众法庭汇聚了各式各样的不满情绪，最终以苏格拉底与亚西比德、克里提亚是师生关系和朋友关系来推定他有罪。

第二，现代民主制的守正创新。民主的核心是正义，正义长存的基础法治，要用法治的手段预防与避免民主社会堕落为暴民社会的危险。法学家季卫东教授说："无论是权威民主还是共识民主，一旦失去了法治精神，就容不得人民提出具体的权利主张，就会堕落成专制的一种变态。"也只有法治，才能帮助民主社会的"人们建立起对法律权威的至高无上的尊重"，如正义观念、公民个人权利神圣不可侵犯观念等。人们应养成通过协商解决各种利益冲突的习惯，严守规则，按规办事，违规可耻，敬畏法律。可以说，法治是民主的生命底线，"只有'安定的民主'才是真正的民主，而安定的民主体制不能不以法治为前提"。苏格拉底被无辜处死的悲剧，缺乏法治保障的民主是元凶，是雅典直接民主没有法治保驾护航的必然结果。正是他用自己的生命为后人提供了前车之鉴，让我们的中学历史课堂不再是苏案悲剧的看客。它让我们学生认识到：法治是民主前行的轨道，是不息奔流的护河堤，只有法治环境下的民主才是真正意义上的民主。

正是基于苏格拉底冤案的教训与影响，近现代民主中的司法制度特别强调四个方面：一是在基于法律是人民意志的前提下，规定了严格的立法程序，即立法范围受最高法律限制、独立的司法审查可以审查立法的合法性、独立的法官捍卫法理和正义的法律程序、依法行使行政权等。使得现代民主制度能遏制多数人暴政，实现法治目标。二是法官应具有专业的法律知识。近现代民主国家把这一司法程序发展为：陪审法庭决定是否有罪，法官决定具体刑罚，不服还可以上诉。三是强调定罪的证据意识和证据链实证，且疑罪从无。四是确定了言论自由与信仰自由的基本原则，言论不入罪，信仰不入刑。

（4）苏格拉底之死的滋养价值与教育意义

第一，宁为玉碎礼赞舍生取义。"苏格拉底之死是他的事业的最伟大的凯歌，是他一生无上的成功，是哲学和这位哲学家的礼赞。"既是雅典直接民主制度的悲哀，也是苏格拉底个人的悲剧。说它悲哀是因为苏格拉底之死有三个方面值得中学历史教学深究：一是当多数人的意志认为个人的自由已经损害到了城邦的集体利益乃至安危时，雅典民主政体就会迅速且毫不留情地剥夺个人的自由和权利，包括生命权。二是雅典司法背离了独立与专业的灵魂，成为杀死苏格拉底的直接凶手。三是雅典公民的自由，只是雅典要求公民政治生活的"被自由"。有法律的强制要求，有严厉的宗教义务，是一种强制性的权利、责任、被教育、被大多数人意愿绑架的"自由"。

说他的遭遇是个悲剧，也有三个方面值得中学历史教学进一步深思：一是苏格拉底的思想和言行其实都是无罪的，但对雅典体制而言，苏格拉底却是一个大逆不道的异端，其所言所行均有悖于雅典大多数公民的认识，动摇了雅典民主制度存在的基础。二是在苏格拉底看来，法律与城邦密切相关，互相依赖，互为因果，公民与城邦是一种契约关系，遵守城邦法律就是在履行正义，公民不能挑战法律的权威，即使判决结果不公正也要接受和遵守，守法也是美德。三是用自己弱小的身躯，托起了人类赋予他的责任、使命和担当，彰显出一种伟大的殉道精神。

第二，杀身成仁诠释灵魂永恒。苏格拉底用死亡捍卫了雅典民主制的神圣性和不可侵犯性，用行动诠释雅典民主应该是人人平等的，任何人都不应该享有特权，托起了自由人格的责任与担当，堪称西方文化中向死亡索取生命意义的典范。"以自己的死亡使他的精神和思想获得了真正的荣誉和永恒的价值"。其悲剧价值与教育意义在于：一是动荡时代的忧患意识。苏格拉底倡导贤人政治和精英治国，正体现了他对雅典直接民主制度衰落的忧心忡忡，主张以道德改善直接民主制，这是一颗理想抱负、忧国忧民、以天下为己任的拳拳赤子之心，它是人类思想文化中最为宝贵的精神财富。二是唯我独醒的英雄风范。他的"牛虻"精神、他的道德理想、他的智慧德性、他的坚守信仰、他的人格魅力等，丰富与发展了不从流俗、坚守道德理想和人格尊严的精神风范。三是向死而生的豁达智慧。苏格拉底透彻领悟了生与死的意义，即便是在等候死刑前夕，他依然与前来送行的人们讨论生与死的哲学问题。生命可贵，灵魂永恒；坚守正义，向死而生。

第三，向死而生彰显生命理性。苏格拉底之死是人类的凄美悲剧，更是滋补学生成长的营养佳品。当中学历史课堂致力于生命教育的时候，从苏格拉底之死中挖掘出敬畏生命的滋养价值，消磨对生命的淡漠，把对未成年学生可能产生的诱导、心理暗示、生命观错位的负向影响涤荡干净。让学生在历史学习中认识和调适自我，体认生命意义和价值，彰显生命理性，充分感悟人与历史、人与自然、人与社会的关系，达成与他人和谐共存的完美境界。

参考文献

［1］柏拉图.柏拉图全集（第一卷）［M］.王晓朝，译，北京：人民出版社，2002：36—50.

［2］季卫东.宪政新论［M］.北京：北京大学出版社，2002：148.

［3］策勒尔.古希腊哲学史纲［M］.翁绍军，译.上海：上海人民出版社，2007：116.

［4］汪子嵩，等.希腊哲学史（第二卷）［M］.北京：人民出版社，1993：333.

# 主题命题在意料中重现高考

主题是五年全国卷历史试题命制的灵魂与主线，是设计试题基本依据和根本意图。主干知识中的主题式命题可分为单元主题、模块主题、学科主题、学习主题等，前些年的广东卷与全国卷都曾先后采用过这种主题式命题方式，中途沉寂了几年。2017年又以出人意料的方式重新出现在全国1卷中。主题式命题中的学科式主题成为2017年高考命题的主要追求与主要内容。即：在立足主干知识的基础上，整套试题以某一个服务现实的大历史主题为核心，配之以多个精妙的小主题，通过大主题带多个小主题的形式实现主题视角下对主干知识的归类与综合、唯物史观主导下的对主干知识的多元视角、在归类与综合中实现对主干知识的多元视角。五年的高考国卷历史试题主要体现在后两个方面，未来广东省高考历史考卷命制估计也会如此办理。

## 一、主干知识的归类与综合

主干知识的归类与综合是利用历史现象之间的关联性，将历史现象置于某一知识系统中，并对其进行综合性的、多层次和多视角的考察，是区分考生思维的深刻性、灵活性和创新性等思维品质的主要手段之一。同时它也是一种系统性思维，要求考生不仅要看到个别的历史现象，更要关注全局与整体，以及历史现象之间的有机联系；它往往以时间为经、空间为纬，将政治经济和文化因素相融合、内部和外部因素连接、历史和现实相贯通，构成了一个相对完整的主题知识系统，从而对具体历史现象形成正确认知。建立在主题基础上的主干知识归类与综合是五年高考试题的灵魂与主线。2016年主题式命题与以前的主题式命题的最大差别就是大主题下面包含若干个小主题。这些大主题往往是从现成的主干知识中归纳出来的；或把分散在教材不同章节的内容按照某个主题，如爱国主义、国家统一、民族振兴、制度创新、社会改革、民主共和、理性爱国、生态文明、社会保障、民族团结、和平与发展、建立有效政府、建立以追求公平和效率为目的的社会主义市场经济（黄牧航教授划分的主题）等进行重新梳理与组合，并赋予这些主题新的现实意义和社会意义。国家统一是2016年高考整套历史1卷的大主题，所有试题都是围绕国家统一这主题来命制的。高考试题通过一个大的核心主题，集中对学生进行爱国主义教育，让培养什么样的人落到了实处。整套试卷以"国家统一"为大主题，并带有四个分主题（或称四个小主题），这是五年高考试题首次出现的新现象，也是五年高考传递给我们中学历史教学的重大信息。试题在"国家统一"这个大主题统摄下，所有试题分为反对分裂保障统一、合作与反对强权服务统一、经济交流为统一奠定基础、文化交流中维护统一彼此认同统一等四个小主题，深化和服务了大主题。第一个小主题是直接反对分裂维护国家统一，如第24、25、26、46题。第二个小主题是在合作与反对强权中维护国家统一，如第30、35、41、42、46题。第三个小主题是经济交流也是维护国家统一的重要基础，如第27、29、31、33、35、42、45题。第四个小主题是文化认同与文化交流所带来的和平局面同样是世界维护彼此国家统一、认同统一的有力手段与有效方法。如第24、47题。

主题是试题命制的灵魂与主线，是设计试题基本依据和根本意图。主干知识中的主题式命题从外在形式上可以分为单元主题、模块主题、学科主题、学习主题等，近五年高考试题大部分是学科主题式命题，具体表现为从现成的主干知识中归纳出主题；或把分散在教材不同章节的内容按照某个主题（如黄牧航教授分析的十个视点：制度创新、社会改革、民主共和、理性爱国、生态文明、社会保障、民族团结、和平与发展、建立有效政府、建立以追求公平和效率为目的的社会主义市场经济）重新梳理，进行再组合，以赋予这些主题新的现实意义和社会意义。如高考题中有一道"三农"主题，把列宁的战时共产主义政策、新经济政策，斯大林的农业集体化道路，罗斯福新政综合归纳在一起，以隐性介入热点、传递正能量的方式借史鉴今，具有深远的现实意义。

由于近年来的高考试题均以主题立意，并通过主题贯通古今和关联中外。

因此，考生的复习备考一定要遴选出主干知识中以重点、热点、盲点为基点的学科或学习主题，进一步拓宽视域和深化认识，有针对性地加强"主题"式试题的训练。这是第二轮或第三轮复习提高备考的针对性和实效性的主要方法之一。如中国古代选官制度的演变，可从名称、标准、影响等方面重构成一个学习或复习主题。

（1）西周、春秋的世卿世禄制。

（2）战国、秦朝的——军功制。

（3）汉朝察举制。以孝廉为标准，主要是举孝廉、策问。其影响是扩大了统治基础；但以官举士，易以权谋私。

（4）魏晋九品中正制。中正指地方行政部门中评定人才的官职，以"出身""门第"为标准。但易被豪门望族控制，导致政治腐败。

（5）隋至明清科举制。隋文帝开始考试选官，隋炀帝时，设立进士科，科举制形成；唐宋元明清各朝继承并完善了科举制。影响：①考试体现一定的公平、公正；②破除贵族垄断官场，扩大统治基础；③有利于提高官员的素质、提高行政效率；④有利于社会重学风气形成、文化发展；⑤考试的科目、内容、都不出儒学经义，不一定能"经世致用"；⑥明以后科举考试的方式为"八股取士"，则禁锢了思想，败坏了学风。

（6）选官制度的演变总趋势。官员的选拔、任用标准由重视血缘到名望再到学识、才干。方法由推荐到考试，体现了发展具有合理性、公平公正性。扩大统治基础，官僚集团越来越庞大。

又如"中国古代商业的发展"，可以整合成一个知识主题。

（1）先秦时期：兴起。①商朝：以经商著称——"商人"，商业由官府控制。②春秋战国：社会的大变革、大动荡，使官府控制商业的局面被打破，商人社会地位提高，各地出现许多商品市场和大商人，中国商业发展出现了第一次高峰。（范蠡被尊为商人的祖师）

（2）秦汉：艰难发展，总体水平不高。①原因：统治者推行重农抑商政策；大统一，使商业活动"规范"；经商受到时间、地点的限制。②表现：币制统一（圆形方孔的铜钱）。两汉海陆丝绸之路的开通，汉外贸兴起。西汉政府规范管理——都城长安城成为商业中心，商品交易的固定场所"市"（定地、定时、定人），与居民住所"坊"严格分开。

（3）隋唐时期：进一步发展。原因：农业手工业发展；大运河的开通；对外贸易的推动。表现：①城市商业繁荣：如都城长安，城市中设东西两"市"，使"市"与"坊"分开。②农村集市发展。③商业服务发展：出现了邸店、柜坊、飞钱。（其出现是商品经济发展的结果，它们的出现又促进了商业的便利与发展。）④对外贸易：广州成外贸港口，政府设市舶使，专管对外贸易。

（4）两宋时期：空前繁荣（商业环境相对宽松）。①商品种类迅速增加。②出现世界上最早的纸币"交子"。③商税收入成为政府的重要财源。④外贸发达：两宋同东南亚、南亚、阿拉伯半岛以至非洲的几十个国家进行贸易。海外贸易税收甚至成为南宋国库重要财源。⑤市：打破时间空间限制；商业活动不受政府直接监管；草市更普遍，出现四大商业名镇。

（5）元朝时期：继续繁荣（交通发达）。大都成为国际性的商业大都会，国内外各种商品汇聚于此；泉州被誉为当时的世界第一大港。

（6）明清时期：依然繁荣。①城镇商业繁荣，棉花、茶叶、甘蔗、染料等农副产品商品化加快；区域间长途贩运贸易发展较快；出现了地域性的"商帮"，实力最强的是徽商和晋商。白银成为主要流通的货币。②中国对外贸易渐趋萎缩：清朝只开广州一处，且由政府特许的"十三行"经营外贸。

## 二、主干知识的多元视角

史学观是史学家研究历史的视角，是历史观和方法论的统一，也是史学观点、史学范畴和史学方法等有机集合体。中学历史教学中"一纲四版"的现实已由过去传统单一的阶级斗争史观走向以唯物史观为主导的多元视角，如文明视角、整体视角、全球视角、社会视角、现代化视角、生态视角、计量视角、后现代主义视角、比较视角、心态视角、结构视角等。这些史学研究的新观点和新成果，都在一定程度上会反映到历史高考试题中，史学新视角为命题专家提供了许多新的命题点。同一历史阶段或同一历史事件可以用不同的视角进行多维度诠释。因为对于高考命题专家而言，主干知识的考查总共就90个，考来考去还是"年年岁岁花相似"；而"岁岁年年人不同"的是命题专家用什么样的视角去审视、诠释、解读历史。让多元视角"共领风骚"，具体指导试题的设计和命制，这也是今后新粤卷高考命题出彩的地方。它不仅打开未来考生的历史思维空间，进一步活化和拓宽了多元化观察历史的视角，让高考从更宽更广的视角去考查学生观察和解释历史的能力；还让高考试题的亮点和精彩点在不同史观的多元解读与转换中诞生了。主干知识的多元视角五年虽然还没有出现，但它一定是未来高考命题的必然追求和趋势。

如对中国古代史的重农抑商政策的认识，就需要我们在复习进一步深化认识和透彻理解；重农抑商政策在历朝历代并非平均"给力"，也并非一直都处在"抑"的状态，抑商主要是抑商人还是抑商业？其实，不同时期，不同的朝代，"抑"的程度不完全一样。中国古代史前期主要抑商业，后期主要抑商人；抑商业又主要是抑私商，而不抑官商；抑商人主要是抑私家商人，而不是抑官家商人。特别是商业税收成为封建朝代的主要赋税来源后，抑私商人的社会地位成了主流，抑制他们社会地位的主要目的不是针对商业而言，而是担心他们对封建政府、官僚和专制王权构成威胁。到了明清时期，抑私商人的社会地位也逐步在淡化，或者成了被世人和社会羡慕、歌颂的对象。

又如人类早期文明的两种类型和中西方早期政治制度向两个不同方向发展的原因，就是一个值得考生特别注意的学习小主题。

1. 人类早期文明有两种类型

一个国家或地区的文明应包括政治文明、经济文明和精神文明三部分，且这三部分是相互作用的。如果古希腊文明是典型的海洋文明，那么在中国精耕细作农耕经济基础上孕育出来的就是典型的农耕文明或广阔大陆基础上的大陆文明。

其一：大河文明（东方文明）

（1）区域：北纬20°～40°大河流域（冲积平原）

（2）生产方式：以农耕为主——农耕文明

（3）政治形态：专制主义中央集权制（等级制，法律是专制工具，君权神授）

（4）典型：四大文明古国，尤其中国

其二：海洋文明（西方文明）

（1）区域：地中海（多山，多海岛，平原少而小）

（2）生产方式：多种形态并存，以商业贸易和殖民掠夺为主（因地少人多，使得古希腊人因为本地的条件无法满足生存而对外扩张）

（3）政治形态：不易形成专制主义中央集权，而盛行民主政治（平等、"法治"、人民主权）

（4）典型：古希腊、古罗马

**2. 中西方早期政治制度向两个不同方向发展的原因**

（1）不同的发展方向。

① 中国：春秋战国，中国逐步由分裂走向统一，从奴隶社会向封建社会过渡，开始形成专制主义中央集权制度。

② 西方：希腊是小国寡民、城邦林立，城邦处于奴隶制强盛时期，实行公民民主政治。

（2）原因（形成这种差异的原因很多，侧重于地理条件分析）

① 中国：黄河、长江、珠江流域，平原多，易于交流，为形成统一提供了可能性。这一地理环境也为人们长期从事农业活动提供了便利条件。随着生产力的发展，逐渐形成了封建小农经济，封建小农经济具有分散性，因此需要国家统一，需要专制主义中央集权制度来维持社会的发展。

② 希腊：山多、海多、港口多，这一地理环境适宜工商和航海业的发展，有利于希腊人形成平等、民主、协作的民族精神。这样的地理环境又把希腊人的居住地域分割开来，使希腊逐渐形成小国寡民的特点，使古希腊建立起一种公民集体、直接参政的民主政治，以充分调动了公民的积极性和创造性。

再如中世纪欧洲也是一个富有考试育人价值的小主题，它在传统教材的叙述中是千年黑暗，新教材对这段历史也是片段式地叙述，容易让教师和学生出现认知误区：中世纪欧洲一片黑暗、毫无光亮可言。殊不知，中世纪欧洲有黑暗，也有亮光，黑中有亮，暗中有光。近代欧洲文明的诸多起源因素中，不但有古希腊罗马文明，更多的是来自黑暗的中世纪欧洲。正是基于每一个时代都有其自身的精彩与局限，未来广东省高考命题不会以点代面、以偏概全。应该全面审察和综合分析，得出公正、全面和经得起历史验证的历史解释。或选择性遗忘，或选择性解释，或避而不谈，或漠视不见，或取其一点不及全部，或刻意打扮与整容等，都是对历史真相的伤害。历史高考命题会在尽可能接近历史真相的基础上，旨向抒真情、育真人。

第一，欧洲文明不是希腊文明的"翻版"、"延伸"与"移植"，是多种文明相互交融的结果。"是由几种文明混合在一起而形成的一种新的文明"，"欧洲文明是在吸纳日耳曼和古典文明的基础上构建起来的文明。"研究欧洲中世纪史的专家侯建新教授认为，近代欧洲文明有三大来源。

一是源自古希腊罗马文明。中学历史教材对此有专门且详细地叙述。二是源自日耳曼文明。三是源自基督教文明。依据分析，我们可以得出这样的结论：欧洲文明主要源自三个方面，希腊罗马文明主要影响了欧洲文明的政治理念与政治制度；日耳曼文明给欧洲文明注入了新的血液与活力；基督教文明深刻影响了欧洲文明中人的思维方式和社会架构。三大因素的相互交融与影响，共同构成了欧洲文明的主要来源。

正是那个黑暗、沉沦、蒙昧千年的中世纪欧洲在民族与国家、民主与法律制度、文化形态与宗教信仰、生活方式与思维方式等方面蕴含了近代欧洲文明许多方面的起源。被历史高歌盛赞的15世纪、16世纪的文艺复兴不可能一蹴而就或横空出世的，它的源头和历史积淀正是欧洲中世纪文明。况且，把中世纪欧洲称之为"黑暗时代"，在当时也不是指中世纪欧洲历史的真正黑暗，或者说是我们今天所理解的黑暗。中世纪欧洲是"黑暗时代"的说法最早是意大利人文学家彼得拉克在14世纪30年代提出来的，是文艺复兴时代才开始出现的概念，具体是指从西罗马帝国灭亡到彼得拉克以前的时代。这个概念本身在当时来说，不是对中世纪欧洲的历史是好还是不好的本质概述，他只是基于自己不太了解的一种叙述。如同古希腊罗马对"野蛮人"的描述一样，把与自己不同、讲话听不懂的异族统称为"野蛮人"。至于"野蛮人"的真正生活，与他们自己有什么不同，是否光明或黑暗，都不是很了解。文艺复兴时代的人文学者觉得他们自己发现了希腊罗马古典文化，获得了光明与新生文化。在基于一种文化自信中把自己和古希腊罗马之间的时代一概称之为"黑暗时代"。他们提出的"黑暗时代"，更多的是当时的人文学者们基于自己对中世纪欧洲历史的不了解，并不是指中世纪欧洲本身的发展历史一团黑暗。后来，苏联的主流历史学家基于对基督教的批判和褒扬文艺复兴，就把这段历史称之为"黑暗时代"了。新中国成立后，主流历史学家基本沿用了苏联说法，也把这段历史称之为"黑暗时代"。

中世纪欧洲，确实有诸多让后人觉得黑暗与蒙昧的地方，如宗教迫害、审判异端和火刑杀人。但同时，中世纪欧洲不仅仅只有"黑暗""蒙昧"这些关键词。其黑暗中也有自己的光亮点，其蒙昧无知中也有它自己的觉醒。他们在昏庸无道中也有创造和累积了近代欧洲文明的诸多因素，如民主制度、法律制度、知识积累、大学创立、宗教信仰、教堂建设、城市扩张、草坪文化、建筑雕刻、图画艺术、行会商业、生活方式、思维方式等。因此，中世纪欧洲历史既有一段基督教走向极端化的不堪回首，也有人们信仰领域拓展的美好时光。那个时代所体现出来的苦修精神之意志、内心静穆之程度、超然物外之灵性等都是值得我们今天理性与客观评价的。

## 三、在归类与综合中实现对主干知识的多元视角

未来广东省历史学科高考自主命题还会走向上述两者的综合化。即在主干知识的归类与综合中实现对主干知识的多元视角。这种多元视角是以历史解释为基础的，而历史解释又具有主观性和选择性，以及相对应的立场、态度、价值取向。通过某一主题知识来进一步考查学生从不同的角度概述、标识或划分历史发展阶段的能力；不仅要理解其表层含义和显性特征，还要从宏观大历史中去探究分析历史现象背后所隐含的复杂性和本质特征。让两种方式不再各自为战或各领风骚，而是巧妙地将之结合在一起，交融共进，共同成为未来高考命题的靓丽风景。当然，我们也必须要清楚地认识到：不同的视角各有自己的侧重点和重点解释的历史对象，一种视角可能对某一个特定的历史阶段或某一特定的历史事件可以得出最合理的诠释，但放在另一历史阶段或另一件历史事件就可能不一定完全适合。未来的高考新粤卷命题可能会根据不同历史阶段的特点和不同历史事件的客观要求，选用了比较恰当的视角进行解读，或者用几种不同的角度来诠释同一历史阶段和同一历史事件，尽量做到"量体裁衣"。

如近五年国卷高度关注：文化、文明的认同与发展。这是一个典型的在归类与综合中实现对主干知识的多元视角小主题。"文化"是一个含义非常广泛

的词，"文化史"是史学向宽阔领域拓展的产物，它把人类文化的发生发展作为一个总体对象加以研究，但较侧重于人类创造文化时的主体意识。所以，此主题内容主要包括思想成果、艺术语言、宗教伦理、生活方式等。对中国社会文化与文明发展的学习，可以帮助学生透过政治、经济现象，从精神层面了解文化发展和文明演进的历程，进一步获得社会演进的深层次信息。同时，对本部分内容的学习可以比较系统地了解中华先民在各类文明创建上的广博而精湛的建树，把握中华文化的基本精神，正确理解和分析传统文化与现代文明的渊源。结合课标和考试大纲要求，此部分考点主要涉及百家争鸣、中国传统主流思想的演变、近代"西学东渐"与思想解放潮流、马克思主义在中国的传播及其中国化。

## 一、文化、文明的认同、交融与发展

【重点难点解读】

### 1. 中华文明植根的地理环境与经济土壤

中华民族生活的东亚大陆地理环境非常独特，周边多有地理屏障——东临太平洋、北临戈壁草原、西方则是高山雪峰、西南则有青藏高原，而中间则是河流润泽适宜农耕的广袤平原或丘陵。这种远离海洋，与外部世界相对隔绝，但内部回旋余地比较开阔的独特地理环境对中华文明的形成与发展有着深远的影响。

相对封闭的地理环境和自给自足的小农经济使中华文化有较为明显的独立性和连续性特征。伴随小农经济产生发展和遭受冲击瓦解以及新的经济形态的出现，中华文化的发展脉络也呈现出"哑铃状"分布，两端分别是思想多元的百家争鸣和近代以来的思想解放潮流，中间从汉至清则是长期以来虽屡受冲击但不断丰富发展的居于正统地位的儒家文化。

### 2. 中国社会主流思想的演变

所谓"主流思想"，是指某个时代，居统治地位、起主导作用的思想。主流思想是一个体系，包括哲学思想、政治思想、经济思想、文化思想、伦理思想等。

在夏商周时期，由于人类改造自然能力低下，先民对天命、鬼神、祖先等超自然力量的崇拜，因此构成了早期中华文化的重要内容。春秋战国时期，随着生产力的发展，铁犁牛耕出现，小农经济产生，经济基础的变化带来了整个社会的大变革，百家诸子针对当时的社会问题发表言论、收徒立说，游走于各诸侯国，表现在思想文化上就是"百家争鸣"局面的出现，这是中国历史上第一次思想解放潮流，也是中华文化重要的奠基时期。

秦王朝建立后，由于统治者对空前帝国的治理缺乏经验，再加上法家思想指导下的商鞅变法使秦国强大使秦朝统治者认可法家思想的实效性，使得法家思想成为秦王朝的指导思想。秦始皇在法家学说的指导下建立了专制主义中央集权制度，开文化专制先河。

西汉初年，经济残破、百废待兴；统治者吸取秦朝灭亡的教训，实行休养生息政策，治国思想采取了主张清静无为的"黄老之学"。黄老政治的实施使西汉社会经济得到恢复和发展，到汉武帝时期，西汉社会迅速恢复了元气，黄老思想作为统治思想，完成了历史使命。董仲舒新儒学融合各家思想，适应了汉武帝加强中央集权的需要。董仲舒的思想之所以能被汉武帝认可，主要是因为适应了加强中央集权的需要，但除此之外，董仲舒融合道、法、阴阳等诸家思想对儒家思想自身进行改造，方能使其与时代同步，保持活力。

面对外来佛教和本土道教的冲击，儒学家不断反思探索。到北宋时期，以程颢、程颐为代表的理学家融合佛道思想对儒家思想进行改造，产生了适应统治者加强伦理教化，维护专制统治需要的理学。明清之际，出现了针对程朱理学的批判思潮。其出现的原因，从短时间段来看，是由于朝代更替，进步思想家们对明朝灭亡及程朱理学思想统治下的空疏学风进行反思；从稍长时间段来看，由于中国君主专制制度空前强化，并日益走向腐朽，已不适应时代发展；从更长时间段来看，明清之际的批判思潮反映了中国社会当时的发展已出现向工业文明演进的趋向，由于各种原因，虽未达到西方启蒙思想那样的高度，但它仍然是中国"中国近代前夜"思想领域的一缕曙光。

到了近代，随着西方工业文明打开古老中国的大门，中西文化发生激烈碰撞。西方文化的传入最终使中国传统文化发生动摇，并在斗争中不断吸取先进文化，获得新生。这一时期，中国思想界的主流大多是向西方学习，主题大多是救亡图存，显示出面对危局不断探索救国之路的特点。中国近代前期文化是在中西文化的矛盾冲突与不断融合过程中发展起来的。其过程可概括为两个阶段、三个层次。两个阶段：从鸦片战争后到甲午战争前为第一阶段，主要学习以"船坚炮利"为核心的西方物质文明；从甲午战争后到五四运动前是第二阶段，主要学习以政治制度、思想文化为核心的西方精神文明。三个层次：技术成果——器物层；相关社会支持系统——制度层；人们的价值观念、思维方式、文化气质等——思想文化层。若从思想文化发展来划分，又可分为六个阶段：第一阶段，面对冲击后的初步反省。第二阶段，农民阶级的天国理想与君主专制思想激烈斗争。第三阶段，资产阶级维新变法思想高潮。第四阶段，民族自救思想空前高涨。第五阶段，资产阶级革命思想发展实践。第六阶段，民族自救理论探索。

中华人民共和国成立后主流思想的发展演变贯穿着一条主线，就是马克思主义的中国化。但在不同时期，由于不同的国际、国内形势和任务，其内涵与侧重点又有所不同。如果以1978年十一届三中全会召开作为标志的话，中华人民共和国的主流思想发展大致可以分为两个时期：第一时期是1949年—1978年，其主流思想是毛泽东思想；第二个时期是1978年至今，其主流思想是中国特色社会主义理论体系，主要内容体现在邓小平理论、"三个代表"、科学发展观。

### 3. 中国历代文化政策

文化政策是文化的一种政治表现形式，是政府在文化领域实施意识形态和行政管理采取的一套制度性规定与措施。了解中国历代文化政策的演变，吸收和借鉴历代文化政策精华和经验，对推动当下我国社会主义文化发展具有积极的现实意义。应重点关注：秦朝的"焚书坑儒"政策；西汉的"罢黜百家，独尊儒术"政策；明清时期的文化专制政策；晚清政府的"中体西用"政策；新中国成立以来社会主义文化政策（1949—1978）；新时期"文艺为人民服务、为社会主义服务"。（1978至今）

【考查方向指点】

纵观近三年的高考试题，其考点主要分布在以下几个方面：百家争鸣的背景与各流派的主要思想；中国传统文化主流思想的演变，主要集中在儒家思想正统地位的确立，宋明理学的形成及其内容与影响，明清之际批判思潮的产生背景与内容三个要点；近现代的先进思想，包括近代以来的各种救国思想和20世纪以来的重大思想理论成果。

相关内容的命题特点是"分散而又集中"。"分散"是指考点的分布如漫天撒网，几乎遍及中国历史发展各个时期，考查角度多样；"集中"是指考点分布相对集中在两个时间段：一是春秋战国时期，二是晚清民国时期。

复习中要重点关注以下内容。

（1）理学是儒家思想发展过程中一个重要阶段。备考时需注意：为什么理学适应统治者需要成为主流思想。董仲舒的新儒学适应统治需要侧重于加强中央集权，宋明理学适应统治需要更侧重于敦行社会教化；注意从社会史观考查宋明理学对社会风俗变化的影响。

（2）明清之际的批判思潮是儒家思想发展演变过程中的另一个重要考点。要注意两个方面：第一，要注意这些批判思想家的思想与孔孟、董仲舒等其他儒学思想家的联系；第二，要注意明清之际批判思潮与同时期西方启蒙思想之间的区别与联系。

（3）对儒家思想的学习除了理解其特征外，还应注意从国家政治、社会伦理与教化、个人道德修养三个层面进行掌握，理解儒家思想在这三个层面的具体内涵，分析统治者、儒学家为代表的知识分子、民众是如何结合自身需要来对儒家思想进行理解诠释并丰富发展。

（4）随着中国特色社会主义建设理论不断深化完善，以及思想解放程度的提高，此部分内容的考查具有越来越强的现实意义，应该会逐渐成为考查热点。考虑到历史学科的特点，命题点主要在：第一，对毛泽东思想的考查会主要集中在"工农武装割据"理论的形成；第二，对中国特色社会主义理论的考查将主要集中在邓小平理论的形成和对建立社会主义市场经济体制的探索。尤其是社会主义市场经济体制部分的内容，由于计划与市场的关系问题是经济史一个热点问题，且可与罗斯福新政、苏联社会主义经济建设、战后资本主义经济调整等部分内容结合起来考查，会是此部分命题的热点。

（5）关于"文化政策"，教科书并未系统阐述古代的文化政策，教师需要将其串珠成链。而且，随着"十八大"提出推动社会主义文化大发展大繁荣，提高国家文化软实力，深化文化体制改革等，"文化政策"内容将成为未来高考的一个命题热点。

**【典型试题分析1】**

（2013年江苏卷第21题）（12分）家训宗规伦理以儒家思想为主体，通过家国意识同构，旨在实现社会和谐，体现了民族传统道德思想与规范。阅读下列材料：

材料一　有子（孔子弟子）曰："孝弟（悌）也者，其为仁之本与！"

——《论语·学而》

材料二　约之二：吾族务要恪遵祖训，以伦理为纪纲，父慈子孝，兄友弟恭，夫妇和顺；一家雍睦（和睦），端由于此。即同宗相处，须要安分守己，尊莫凌卑，强莫欺弱；卑幼者不许冒犯长上，富贵者宜怜穷困。循规蹈矩，宗族称孝，乡党称弟（悌）。

——何兹全《中国文化六讲·训约十四条》

材料三　宣圣谕。圣谕曰："孝顺父母，尊敬长上，和睦乡里，教训子孙，各安生理，毋作非为。"此六事乃太祖高皇帝（朱元璋）曲尽做人的道理，件件当遵守。能遵守的便是好人。有一件不曾遵守便是恶人。愿我一族长幼会集祠（堂）中，敬听宣读，悉心向善，皆作好人，有过即改，共为盛世良民，贻子孙无穷福泽。

——明《虎墩崔氏族谱·族约》

请回答：

（1）据材料一，指出仁的根本是什么？结合所学知识，列举春秋战国时期儒家有关仁的政治主张。（3分）

（2）历代许多家训体现了以仁为核心的儒家伦理。据材料二，归纳儒家伦理的主要内容。（3分）

（3）儒家的伦理思想深刻影响中国社会。据材料三，指出明代统治者与民众对儒家伦理所持的态度及其各自的做法。（3分）

（4）综合上述材料和所学知识，概括儒家伦理在中国历史上所起的积极作用。（3分）

试题解析：本题考查内容是中国古代主流思想——儒家思想的内容、对社会的影响，设问考查学生对材料信息的解读提取能力和知识的迁移运用能力。题目四个问题层层推进，考查方向集中在对儒家思想特征的理解。

儒家思想特征主要有以下几个方面：重道德修养、重血亲人伦、重实践理性、重现世事功，这几个特征对个人、家庭、家族、社会、国家都产生了不同的影响，本题侧重考查的就是儒家思想在这几个不同层次上的影响。近几年的高考题多儒家思想影响的考察多集中在国家治理上，本道题则侧重于社会秩序上，今后的考查还可能从个人道德修养层次展开，要对儒家学派各思想家关于国家治理、社会秩序、家庭伦理和个人修养进行系统总结。

第（1）问根据材料信息围绕个人道德修养层次展开，设问又联系到治国主张。第（2）问根据材料二主要内容依据围绕家族、宗族、乡里关系上归纳。第（3）问根据材料三的信息可以看出是围绕统治者与民众的角度。做法据材料不难概括。第（4）问的设问可将前三个问题概括总结，从家族关系、社会秩序、国家治理方面分析。四个问题层层推进，由点成线，思维也比较连贯。

答案：（1）根本：孝悌。政治主张：为政以德（以德治民或德治）；实施仁政。（3分）

（2）主要内容：家庭和睦；宗族团结；乡里和谐。（3分）

（3）态度：尊崇儒家伦理。做法：统治者提倡；民众遵守。（3分）

（4）积极作用：维系家庭家族和睦；维护政治、社会稳定；传承民族道德，影响思想文化发展。（3分）

【典型试题分析2】

（2013年安徽卷第37题）37.（30分）阅读材料，完成下列各题。

材料一 后（武则天）欲以武三思为太子……二人（狄仁杰与王方庆）同辞对曰："……姑侄与母子孰亲？陛下立庐陵王（武则天儿子李显），则千秋万岁后常享宗庙；三思立，庙不祔（新死者附祭于先祖）姑。"后感悟，即日遣徐彦伯迎庐陵王于房州。王至，后匿王帐中，召见仁杰语庐陵事。仁杰敷请切至，涕下不能止。后乃使王出，曰："还尔太子！"

——《新唐书·狄仁杰传》

材料二 中国的县志中有丰富的女性资料，它们清楚地表明，妇女的贞节是当地荣誉的象征……对风俗的描述，列女志的前言，甚至许多地方志的编纂体例都清楚地显示，女性贞节是向外部世界描绘地方道德标准的综合价值观的组成部分。来自长江下游的一些例子很有说服力，其中有如下描写："歙欲称闽门邹鲁（指文教兴盛之地），盖山川清淑之气所独钟，抑亦程朱之教泽。"

——邓小南等《中国妇女史读本》

材料三　中国妇女解放的要求，不但是精神上的，而且是身体上的。……我以为按照中国妇女地位，在决定"男女平等"这个问题之前，更要紧的问题，是决定女子也是个"人"。我们中国的诗礼人家，有客来访时，若男主人不在家，女主人必定隔着门帘回答说："我家里没有人。"这就是中国的妇女不自算是个"人"的铁证。所以中国妇女，第一必须取得法律家所谓"自然人"的资格，然后才能够说到别的问题，才能够说到和别人同等权利。

——陈独秀《我的妇女解放观》（1921年3月8日）

（1）结合所学知识，分析材料一中使武则天"感悟"的历史因素。（6分）

（2）依据材料二，结合所学知识，分析程朱理学何以对女性贞节作为地方道德标准产生影响。（9分）

（3）依据材料三，结合所学知识，列举清末民初有关妇女解放的主要史实，并对上述三则材料所反映的妇女地位分别进行辩证解读。（15分）

试题解析：本题考查角度从武则天的继位问题到近代中国的妇女解放，考查了中国古代的宗法礼乐制度和社会习俗及其变化乃至近代思想解放运动对社会风俗的影响等内容。第（1）问要结合所学知识分析武则天感悟的历史因素，注意材料中两位臣子的对话所反映出祭祀问题。第（2）问也是依据材料结合所学，注意分析设问，注意从程朱理学的角度分析为什么，而不是分析其影响。第（3）问，列举史实是第一步，注意设问中的辩证解读，要注意从两个方面来看问题。

值得注意的是，2013年高考两个省市关于儒家思想的考查都是从社会伦理、风俗的角度，体现了社会史观对高考的渗透，此点要引起考生的重视，可将近代几次思想解放运动与对社会风俗的影响进行系统总结，注意妇女地位、家庭成员关系、夫妻等社会关系变化背后反映的历史现象。

答案：（1）父系血缘关系或"家天下"政治等；礼乐制度。

（2）"二程"把天理和伦理道德直接联系起来，朱熹认为三纲五常就是天理，强调"存天理，灭人欲"；程朱理学在宋代以后成为居于统治地位的官方哲学，并成为地方教化的工具；女性贞节观是程朱理学的体现，受到地方推崇和不断强化，从而成为地方道德标准。

（3）主要史实：废止缠足；改革传统婚姻制度；新式学堂招收女性学生；提倡新道德，反对旧道德等。

辩证解读：武则天虽有皇帝之尊，却受制于"家天下"政治制度；妇女贞节虽被地方视为道德标准，但妇女身心却遭摧残；五四前后，妇女解放和男女平等观念在实践层面有所体现，但女性的社会地位仍然不高。

【模拟试题举例1】

材料一　"中国"和"夏"，位于宇宙中心，享有号令天下的最高权威；周围各国如"夷"，位于这个模式的边缘，必须向中国臣服……"诸侯用夷礼则夷之，夷而进于中国则中国之"，文化作为区隔"夷"和"夏"的标准。

——摘编自（宋）石介《中国论》

材料二　在晚清的《筹办夷务始末》中，最初五卷"天朝"出现约5次；到光绪年间，"天朝"已经式微，几乎不用。在"天朝"使用次数减少的同时，出现在史料中的自称主要是"大清国""中国"。

（1）根据材料一，概括古代中国对宇宙和世界体系的认识。在这一认识主导下的外交理念是什么？

（2）结合中国文明发展状况（可从自然环境、经济、文化等方面考虑），分析上述认识产生的原因。

（3）根据材料二，分析清政府外交理念发生了何种变化？分析这一变化产生的主要原因。

试题解析：此题以中国对外观念的转变为切入点，要求学生根据所给材料分析中国对外认识发生的变化。第（1）问的设置主要考查学生的概括与提升能力，有难度的是考生从中提炼出的是"外交理念"，参考答案所给的"朝贡外交"较为专业，若考生能回答出"以自我为中心，轻视外国""不平等的外交观念"也可。第（2）问已经提示从自然环境、经济、文化等方面作答，目的是考查学生多角度分析问题的思维，还有对中国自然环境的常识性了解，这对学生的思维能力和课外知识的要求较高，得分容易，但得高分难，是一道有区分度的题目。第（3）问分析变化时，考生要注意但凡遇到"发生了何种变化"类题目时，一定要将变化前的情况和变化后的情况全面阐述清楚，但在实际答题时，考生往往只注意变化后的情况，而忽略变化前的情况，导致丢分。

答案：（1）认识：中国居于宇宙的中心，居于世界中心。理念：夷夏观念下的朝贡外交。

（2）原因：中国处于东亚大陆相对封闭的地理环境下，对外交了解较少；精耕细作的小农经济创造了长期领先世界的物质文化；中国古代科技与文化长期领先世界，统治者产生盲目自大的心理。

（3）变化：抛弃传统的"夷夏观念"，逐渐形成对外平等交往意识。原因：鸦片战争后，列强侵略中国，民族自尊心严重受挫；清政府为挽救统治危机进行的洋务运动，需要了解近代国际外交知识；西方思想在中国传播，中国人对外国了解日益深入。

【模拟试题举例2】

文化政策是国家政策的重要内容，其制定与特定时代背景相关，也会对后世文化发展产生重要影响。阅读下列材料，结合所学知识回答问题。

材料一　顾颉刚认为：秦始皇的统一思想是不要人民读书，他的手段是刑罚的制裁；汉武帝的统一思想是要人民只读一种书，他的手段是利禄的引诱。结果，始皇失败了，武帝成功了。

材料二　宋明时期我国文化出现了一种奇特现象：理学使人们的思想日益僵化，而文学艺术则争奇斗艳，充满活力。

（1）根据材料一，分析秦始皇"不要人民读书"和汉武帝"要人民只读一种书"分别指什么历史事件？汉武帝"利禄的引诱"的具体措施有哪些？

（2）结合所学知识，从思想文化的角度对上述两个历史事件作出评价。

（3）学者何兆武先生认为，宋明理学给中国民族精神裹上了小脚，其中根深蒂固的"正统观念"就是十分突出的一个表现。当时的"正统"观念有哪些？从"人性"的角度列举理学"给中国民族精神裹上小脚"的表现。

（4）根据所学知识，分析明代思想僵化与文学艺术争奇斗艳局面并存的原因。

试题解析：本题从古代文化政策演变的角度考查中国传统文化主流思想的演变，试题答案均是教材与教学中的常用语言，但考查角度发生了变化。所以，本题的主要目的是考查学生迁移运用的能力。第（1）（2）问，只要能理解材料中关于"不要人民读书"和"要人民只读一种书"是什么意思就很容易作答，第（3）问则是变相考查程朱理学的负面影响。第（4）问则要抓住"并存"两个字，确定明代的时代范围，围绕"思想僵化"与"文学艺术争奇斗艳"两个方面作答。此小问得分的关键在于答题的层次感，切忌"一锅烩"。

答案：（1）事件：焚书坑儒；罢黜百家独尊儒术。措施：起用儒者参与政治；规定儒学为朝廷选官的考查标准；将儒家经典确立为教科书，使儒家思想垄断教育；建立各级教育系统，并将儒家思想作为教育内容。

（2）焚书坑儒：虽然短暂地实现了官方的思想统一，但也摧残了自春秋战国以来百家争鸣形成的文化繁荣局面，开古代文化专制之先河。罢黜百家独尊儒术：儒家思想从此成为中国传统文化的主流思想；独尊儒学与教育的结合客观有利于教育与文化的发展；但本质上是一种文化专制政策，抑制了学术思想的自由发展。

（3）观念：三纲五常、男尊女卑、尊君爱民等。表现：理学强调封建纲常与名分等级，压抑、扼杀人们的自然欲求，束缚了人性的自由发展。

（4）明代为适应君主专制统治日益强化的需要，将程朱理学作为科举考试内容和标准，八股取士束缚士人思想，造成思想日益僵化的趋势；明代文化专制政策，如明太祖的"文字狱"又加剧这种趋势；明代商品经济发展，市民文化兴起，成为明代文学艺术繁荣的重要原因；所以两者出现并存局面。

【备考思路拓展】

中国人对外认识的转变包含两个层次的内容：一是中国人对外国形象的认知；二是中国的外交理念。两个层次的认知均可在各个历史时期找到考点，如春秋战国时期中原诸侯国与周边地区的关系、古代中原王朝与游牧民族的关系、近现代中美关系、中日关系、中苏关系等。此题还可采取另一变式，如提供相关材料，考查外国人对中国或中国人的认识，并分析原因。如可以提供材料分析改革开放前后美国人对中国印象的改变，也是一个很好的命题点。

高考试题早已摆脱了过去"直问直答"，单纯考查记忆知识的时代，进入偏重史料解析、史学方法、多种史观、历史逻辑等多重能力考查的时代。各省高考命题的设问方式大多是"活而不难"，看起来难，但实际上只要我们认真审题，用心组织答案，都不难作答。所以，在复习中要摆脱对看似新颖的问题的恐惧，静下心来，总能找到切入点。另外此题还可另外设问，如"列举明清时期文学艺术争奇斗艳的表现"等，要注意灵活作答。

二、西方社会文化与文明发展主要表现

【学习价值概述】

西方社会文化与文明的发展内涵非常广泛，从文化史的角度来看，包括西方社会迄今为止创造的物质文化、精神文化、制度文化、生态文化等各个方面；从文明史角度，包括西方社会各个地区各个文明时期创造的一切文明成果，如古代两河流域文明、古希腊文明、古罗马文明、希伯来——犹太文明、西方中古文明等各个方面。

经济全球化迅猛发展的大背景下，了解多元文化，进一步从思想文化层面了解人类社会发展的基本特征，认识人类思想文化发展的多样性，理解和尊重世界各地区、各国家、各民族的文化传统，培养开放的国际视野已成为高考命题的价值导向。在全球史观、现代化史观、文化史观、文明史观等各种非传统史观日益渗透高考命题的发展趋势下，对西方文化与文明的考查日益成为高考考查的重点。

【重点难点解读】

本主题的考查主要集中在西方人文精神的起源与发展和古罗马的法律思想，其中考查重点是对西方"人文主义"的理解，难点也在此。

1. 西方人文精神的起源与发展

西方"人文主义"的内涵非常丰富，除了包括古希腊人文精神的起源和近代西方三次思想解放运动外，还涉及政治、经济、文艺等多个领域。如近代西方代议制民主制度的确立、近代科学革命、近代浪漫主义文学兴起、近代自由主义经济思想等多个方面，马克思创立科学社会主义的目的也是追求人类的终极解放，也体现出浓厚的人文主义精神。

（1）人文主义的基本内涵及在不同时期的含义

首先要区分"人文主义"与"人文精神"。可以这样理解，"人文精神"含义较为丰富、宽泛，只要体现出对人的尊重、对人的重视、对人自身进行丰富发展的都可以说是人文精神；而"人文主义"则是"人文精神"的载体，是系统化的"人文精神"，广义上是指欧洲始于古希腊的一种文化传统，即关心人和人的精神生活，尊重人的价值，特别是尊重人作为精神存在的价值，狭义上是指文艺复兴时期的一种思潮，是资产阶级人文主义者从古代希腊罗马的文化中发现了肯定现世生活和肯定人的思想所建立的一种新的思想体系。从公元前5世纪到18世纪，人文精神经历了三个阶段，其内涵得以不断发展和充实，至近代才形成了相对完整的形态。

不同时期的"人文主义"有相同的基本内涵，即重视人的作用、强调人的价值。但不同时期又有所侧重，具体规律就是"什么阻碍了人的自由与发展就强调打破什么的束缚"，包括打破神权、教权、王权的束缚，人类努力追求满足正当的物质和精神需要，对人类自身德行与智慧的完善和提升，对人类自我成就感的满足等等。

（2）人文主义与宗教

首先要明确，人文主义者对上帝是绝对信仰的，在他们看来上帝是不容置疑的，宗教是十分神圣的。文艺复兴时期的人文主义者的确猛烈抨击了基督教，但他们揭露的是基督教的堕落和腐朽，并不是要颠覆基督教，他们反而从基督教的教义和精神中吸取了知识和智慧的养分。文艺复兴时期人文主义者并未将人和神分开，人文主义神人观就是神与人、神性与人性、宗教与世俗的和谐统一的关系。这种神人观消除了神与人、宗教与世俗生活的对立局面，激发了人们对今生世俗幸福的追求，促进了服务于世俗生活的新型宗教的产生。人文主义的和谐神人观为宗教改革提供了重要的思想渊源，推动了宗教改革，促成了新教精神的诞生。

宗教改革时期的人文主义者主张以《圣经》为权威，提倡"因信称义"，反对教会对人性的压抑，反对教会外在的强加，主张摆脱教会直接与上帝沟通。宗教改革时期的人文主义者也并未放弃宗教，只是由于教会腐败，传统教义僵化，按当时天主教会的要求的话会浪费新兴资产阶级大量的时间与财富，不利于资本主义的发展。而新教的建立，可以使资产阶级将更多的时间与资本去发展资本主义，追求更多财富，所以他们才主张建立适应资产阶级需要的新教。

所以，我们在解答这类主观题时一定要注意搞清楚"宗教"与"宗教迷信"、"批判"与"否定"的区别，不要用错语言，造成不必要的失分。

（3）人文主义与近代科学

近代科学革命是人文主义思想发展的产物，代表着人类对自然界认识的深化，反映了人类自身力量的强大，两者有密切关系，此部分内容将来是一个重要的潜在命题点。

在中世纪，上帝是包括科学、哲学在内的一切认识活动的对象；哲学和科学沦为神学的婢女，成为论证神学教条的工具；哲学、科学和神学的本质内涵是一致的。科学的逻辑起点和存在根据只能是上帝，它所研究的对象是上帝与人的关系，而以自然及其与人的关系作为研究对象的独立的自然科学活动则是非法的，没有它存在的根据和理由。

人文主义者在追溯基督教初始精神的过程中，虽坚持认为上帝是至高无上的，但逐渐认识到上帝创造人不是为了奴役人，而是把人放在世界的中心和主宰的位置，让人来统治世界，完成神未完成的事业。在这个过程中逐步建立起来的怀疑和批判的学术精神以及积累起来的新知识结构与方法体系，促使人们对掌握知识权威的教会产生了强烈的批判意识，开始学会运用理性和实证的方法认识和把握宇宙自然，按照世俗理念研究和了解人类历史观察社会政治经济生活。此时，奉教会为权威的原则就逐步为个人经验和实证所取代。这种怀疑、探索、实证的态度成为文艺复兴时期人文主义者特别是自然科学家们所奉行的科学研究的最高行为准则。

尽管人文主义和谐神人观对科学的推动不是最直接的，但它塑造近代科学精神的关键作用却是显而易见的。它所塑造的近代科学精神作为一种革命性的精神力量，使人们从心理上和观念上逐渐摆脱了中世纪封建文化、信仰主义和宗教神学独断的禁锢和羁绊，成为近代欧洲科学技术革命取之不尽用之不竭的精神动力。所以，人文主义的和谐神人观促成了近代的科学革命，使科学不再是宗教的婢女，对近代科学走上了独立发展的道路功不可没。

（4）人文主义与近代文艺

19世纪上半叶欧洲兴起的浪漫主义文学是工业革命和资产阶级革命时代的产物，又和启蒙运动有着内在的紧密联系。启蒙运动思想家的作品推动了欧洲浪漫主义文学运动，法国浪漫主义诗人、小说家、剧作家雨果以及浪漫主义诗人拜伦、雪莱等，都受到了启蒙运动思想的影响。

启蒙运动在两个方面进一步推动人文主义的发展：一是进一步摆脱宗教和王权专制的束缚，高扬人运用理性的自由，确立人类的主体地位、保障人的权利，这是对人文精神的深化；二是凸显人的情感、尊重自然和宽容心态等浪漫主义思潮兴起，这是对人文精神的充实。浪漫主义以自己的特有方式表现了人类抒发自己情感所能达到的限度，从而丰富和发展了人性与个性，所以，浪漫主义并不是启蒙运动的"反动"，而是反思。虽然它也有走向极端的可能，但它能起到防止理性出现偏执甚至极端的作用。

（5）人文主义与近代资产阶级民主政治

智者学派强调了"人是万物的尺度"，把人置于世界和社会的中心，强调人的理性，否定绝对权威；贵族制下的社会秩序不符合人性的观点，应该用民主制来代替。这是人类自我意识的第一次觉醒，是西方人文精神的最初体现，是近现代欧洲资产阶级政治体制确立的思想滥觞。

文艺复兴运动是一场资产阶级的新文化运动。其核心思想人文主义，提倡个性解放和自由、平等，强调人的价值；反对封建神学、宗教束缚和基督教的禁欲主张。把国家看作世俗幸福的工具，它的基本任务是维护社会安全与和平，君主如果成为暴君，必为人民所推翻，这是历史规律。文艺复兴为近现代欧洲政治体制的确立提供了价值取向。

启蒙运动是一场欧洲资产阶级反封建的思想文化运动，他们提倡天赋人权、三权分立、人民主权、自由、平等、民主和法制等思想，从理论上证明封建制度的不合理，提出了一整套政治纲领和社会改革方案，要求建立一个以"理性"为基础的社会；它所倡导的民主思想，是针对一切压迫者和一切不平等制度；其精神核心是对于平等的要求，是一种平等理性，甚至是一种平民理性。他们用政治自由对抗专制暴政，用信仰自由对抗宗教压迫，用自然神论和无神论来摧毁天主教权威和宗教偶像。启发教育群众进行资产阶级革命和改革，推翻封建主义的统治，建立资产阶级的政权。启蒙运动为近现代欧洲政治体制的建立奠定了思想基础。

（6）人文主义与近代自由主义经济思想

此部分内容是平时教学和学习中容易被忽略的一个"盲点"，人文精神对欧洲工业革命时代的经济发展产生了重要影响，近代自由主义经济思想与人文主义有内在的逻辑关系。如启蒙思想家确立了私有财产神圣不可侵犯的原则，并把私人的"财产自由"和国家的制度联系起来。洛克在《政府论》中说："人们联合成为国家并受制于政府的一个主要的重大目的，是保护他们的财产。"这一原则被写入了法国《人权宣言》。

"财产自由"的原则在近代民主国家中的确立和实践，有利于调动生产者追求财富的积极性，激发了民众的创造力以改进技术提高生产效率。在工业革命时代的经济发展中，产生了以主张"自由生产""自由贸易""自由经营"为原则的自由主义经济思潮，工业资本主义国家的政府也开始确立自由放任主义的经济政策。所以，工业革命时代"经济自由"是人文主义精神在经济领域的体现。

（7）人文主义与科学社会主义

本单元复习过程中，常遇到的一个知识点就是文艺复兴、宗教改革、启蒙运动是"资产阶级性质的思想解放运动"，而忽略了人文主义与科学社会主义的内在联系。科学社会主义作为无产阶级寻求解放的指导思想与指导近代资产阶级性质思想解放运动的人文主义有一个共同点，就是两者均是寻求人类的解放，都重视人类价值的实现。人文精神在不同时代有不同含义与表现，在不同领域同样有不同含义与表现，科学社会主义理论中同样蕴含了丰富的人文精神。

当然，在人文精神之外，科学社会主义还强调科学理性的重要性，这一点与单纯的人文主义不同，两者之间更不能相互取代。而且在寻求人类解放方面，科学社会主义的创始人马克思有自己的一整套学说和主张，他认为"无产阶级只有解放全人类才能最后解放自己"。从根本上说，马克思主义自创立开始就贯穿和体现着这样一种人文关怀和人文精神，这种人文精神与它作为科学理性所具有的科学精神是相互连接、紧密结合在一起的，是对人文主义的继承与发展。

**2. 古罗马的法律思想与法律制度**

法律在古罗马政治生活中占据重要地位，西塞罗是古罗马法律思想的奠基者。在西塞罗的法律思想中的一个重要内容就是关于自然法的理论，"自然法"并非一种法律，而是一种观念，认为法律的本源是自然的法则。西塞罗以永恒的、普通的自然法则为前提推导出人类自然平等的法律观，这对欧洲政治思想的发展有重大影响。17世纪、18世纪欧洲资产阶级革命时期的思想家们均集成和发展了自然法的理论，提出"天赋人权""权利平等"等口号作为反封建的武器。同时，罗马法还继承发展了古希腊的理论，认为法律就是正义、道德。同时，罗马将法律体系分为公法和私法，公法主要规定政府的职权和活动的规范，保护国家和社会利益；私法则涉及财产所有权、债务、婚姻家庭、继承等方面的内容，保护私人利益，这种划分方法直到今天仍被沿用。罗马法还认为政治权力和法律效力均来自人民，这对启蒙运动以及资产阶级革命有重要影响。经过查士丁尼法典系统化了的罗马法，对欧洲各国法制的发展有重大影响，它构成了欧洲大陆国家、拉美国家以及其他一些国家和地区现存法律制度的基础。

**【考查方向指点】**

关于西方人文精神，以往高考中尚未涉及的考点有以下几个方面：人文主义与近代文艺、人文主义与自由主义经济思想、人文主义与马克思主义的关系。复习备考中可从以下几个方面把握本部分内容。

（1）人文精神的起源与发展。包括古希腊时期智者学派、苏格拉底、亚里士多德等先哲们的思想中体现的"人文精神"和近代西方三次思想解放运动，这个要点的命题已经成熟，题型多样，但考查知识点比较固定。

（2）人文精神发展与民主政治、科学技术、文学艺术等各方面的关系。这部分命题的着眼点并非仅仅局限于某个方面，而是着眼于整个西方的社会转型，甚至包括战后资本主义经济的调整、福利国家的出现等，所以，准确把握人文主义的内涵，并与其他知识点建立联系是要重点关注的一个方面。

（3）整个人类社会发展演进的角度。以往对人文主义的考查，往往会将其局限于资本主义社会的发展中。但若从整个人类社会发展演进的角度看，科学社会主义与人文主义思想之间又存在明显的继承发展关系，这里也是一个重要的潜在命题点。

关于古罗马的法律思想，近年来的高考题在选择题中涉及较多，主要考查考生对罗马法制精神的理解，尤其是古罗马法律中所体现的"理性"与"自然法"精神，最典型就是2011年上海卷第34题，将实行"同态复仇"的《汉谟拉比法典》与带有理性色彩的罗马法进行对比，除此之外，并无直接涉及古罗马法律的主观题。人们常说"光荣属于希腊，伟大属于罗马"，古罗马的法律思想是近代法律制度的渊源，所以罗马法的"自然法"精神及其对后世法律制度的影响是一个重要命题点。

【典型试题分析1】

（2013年全国大纲卷第37题）37.（32分）阅读材料，完成下列要求。

材料一　孟德斯鸠（1689—1755）曾任波尔多市法院院长，后遍游欧洲，考察各国制度，潜心著述。他认为，专制就是君王集一切权力于一身，"完全按照自己一个人一时的与反复无常的意志行事""法律等于零"。专制君王依靠唯上是从的官吏做爪牙，借助庞大军队和严峻刑罚进行统治，可任意征收重税、没收个人财产。在此制度下，"人的命运与牲畜别无二致，只有本能、服从与惩罚"。

——摘编自路易·戴格拉夫《孟德斯鸠传》

材料二　严复（1854—1921）曾到英国留学，后在北洋水师学堂任职，意欲培养人才建设强大海军。但官场腐朽，使他认识到办理海军教育无法施展政治抱负。1895年前后，严复深为民族前途担忧，陆续发表文章，翻译西方著作，评论史事与时政，鼓吹学习西方民主。

严复尖锐批判中国专制政体："国君则超乎法之上，可以意用法易法，而不为法所拘""不独国主君上之权为无限也，乃至寻常一守宰，于其所治，实皆兼三权（行、宪、政）而领之"，故无公正可言。他主张"以自由为体，以民主为用""设议院于京师，而今天下郡县各公举其守宰"。他认为"吾国今处之形，则小己自由，尚非所急，而所以祛异族之侵横，求有立于天地之间，斯真刻不容缓之事。故所急者，乃国群自由，非小己自由也"。他主张通过鼓民力、新民德、开民智，逐步使国家走上民主法制之路。

——摘编自王栻主编《严复集》

（1）根据材料一、二并结合所学知识，分别说明孟德斯鸠、严复反专制思想形成的时代背景与个人原因。（20分）

（2）根据材料一、二并结合所学知识，指出严复的主张在哪些方面与孟德斯鸠相同，有何主要差异。（12分）

试题解析：本题从东西方横向对比的角度考查反专制思想，考查学生从不同角度分析、比较历史问题的能力，是一道较为常规的题目。

第（1）问时代背景要分别还原到17世纪、18世纪的法国和19世纪末的中国，从经济、政治和思想的角度来归纳这两个时期的东西方社会特征。个人原因方面的回答，孟德斯鸠要紧扣材料一中"曾任波尔多市法院院长"和"后遍游欧洲"这些关键的信息，推出调查研究和实践经验的答案。严复则要紧扣材料二中"曾到英国留学"和"深为民族前途担忧"这两句话进行提炼概括。第（2）问相同点的作答，可从两人对君主专制的态度和对未来社会的构想两个宏观角度来思考，然后再具体细化、梳理两个角度内部的知识要素。差异性的作答可从对待国家自由与个人自由不同的态度角度来进行比较，综合两段材料来看，孟德斯鸠鼓吹个人自由高于国家自由，而严复则主张国家自由高于个人自由。

东西方横向对比类题目在高考中经常出现，类似还有2012年安徽卷第37题，所以考生在平时复习中要注意将涉及东西方的知识点进行类比分析，如孔子和苏格拉底的思想、雅典民主制度与专制主义中央集权制度、欧洲启蒙思想与明清之际批判思想等。

答案：（1）孟：欧洲启蒙运动兴起，英国已建立君主立宪制，法国专制制度日趋腐朽，资本主义发展，社会矛盾尖锐；广泛的调查与比较研究，英国经验的参照，有政治法律实践经验。（11分）

严：西方入侵加剧，民族危机空前严重，封建制度没落，资本主义初步发展，清末改革，民主革命兴起；受过系统西学教育，立志救国。（9分）

（2）相同：将君主置法律之下；自由、民主；建立议会制度；实行三权分立；开启民智。（9分）

差异：认为当时国家的独立自由高于个体自由。（3分）

【典型试题分析2】

（2012年安徽卷第37题）37.（26分）阅读材料，完成下列各题。

材料一 欧洲文艺复兴的策源地在意大利，宗教改革的故乡在德国，启蒙运动的中心在法国，绝非偶然，它们显然是由各自深刻而特定的社会历史条件所决定的。

——摘自董小燕《西方文明：精神与制度的变迁》

材料二 意大利人文主义者阿尔贝蒂认为，财富的日益增长是家庭幸福生活的重要组成部分，一个家庭应当修建和装饰自己的房子，拥有珍贵的书籍和健壮的马匹。加尔文认为基督教学说必须适应经济生活的需要，每一个基督徒都可以通过自己在现世的勤奋劳作与成功来证明自己是上帝的"选民"。启蒙运动时期，法国有学者认为，经济也存在一套自然法则，那就是供给与需求。当政府对经济行为干预最小之时，这些法则运行得最好。

——摘编自裔昭印主编《世界文化史》（增订版）

材料三　当物质活动作为基础性的东西决定精神与制度发展的同时，后者也通过影响物质活动的目的性和倾向性来制约物质活动，使物质生产方式服从精神（或文化观念）的引导。

——摘自董小燕《西方文明：精神与制度的变迁》

（1）结合所学知识分析材料一中"各自深刻而特定的社会历史条件"分别是什么？概括材料二的基本观点及其共同精神。（14分）

（2）结合材料，运用所学知识论证材料三阐述的观点。（12分）

试题解析：本题是一道少见的完全考查西方人文主义精神发展演变的主观题。以西方人文主义的发展为主线，从物质生产活动与精神和制度的辩证关系入题，结合教科书主干知识"文艺复兴""宗教改革""启蒙运动"，立意由点及面，由小见大，由微观认知到高屋建瓴，既有理论观点，又有史实论证。

与第（1）问相关的材料反映了当时的学者对人文主义的通俗认识：装饰的房子、珍贵的书籍、健壮的马匹。可见"人文主义"不在"象牙塔"内，而是存在于普通人的生活之中。这里考查学生对"人文主义"内涵的理解，本题的亮点在于所给的材料均是与学生日常生活密切的，可以确切感知的，使教学概念更符合学生认知实际。

第（2）问的设问凸显史论结合新题型特点，有效考查学生学科能力。要求考生"结合材料，运用所学知识论证材料三阐述的观点"，这是一道典型的史论结合题目，也是安徽自主命题以来首次亮相的题型，之前北京、上海、山东等地相继出现过这类题目。我们做这类题目时，应注意从材料中获取有效信息，得出正确结论，然后结合题干所提供的材料，运用所学知识来论证结论。

答案：（1）意大利最早出现资本主义萌芽，古典文化遗存丰厚；德意志处于四分五裂的状态，罗马教廷的精神控制与经济掠夺；法国资本主义经济发展程度较高，典型的君主专制激发了资产阶级的强烈反抗。鼓励追求财富；主张适应现世生活，提倡个人奋斗；反对政府干预经济。人文主义。

（2）能结合材料和史实，言之成理即可，得分的标准见下表。

| 等次 | 得分 | 观点 | 论证 | 表述 |
|------|------|------|------|------|
| 第一等 | 9～12分 | 观点正确，能辩证认识问题 | 史实准确，史论结合密切 | 思路清晰，表达确切 |
| 第二等 | 5～8分 | 论点基本正确，认识不够全面 | 史实基本准确，史论结合不够密切 | 有基本思路，表达不够确切 |
| 第三等 | 0～4分 | 论点不准确，认识模糊 | 未能结合史实，仅能罗列部分史实 | 缺乏条理性，表达欠通顺 |

【模拟试题举例1】

材料一　古罗马法学家西塞罗认为，苏格拉底首先把哲学从天上召唤下来，寓于城邦之中，甚至引入家庭，迫使哲学思考人生与道德，善与恶。

材料二　孔子布衣，传十余世，学者宗之。自天子王侯，中国言六艺者折中于夫子（中原凡是讲习六经的人都要按孔夫子为标准来判断是非），可谓至圣矣。

——司马迁《史记》

（1）材料一中说"苏格拉底首先把哲学从天上召唤下来"，其含义是什么？结合所学知识简要分析苏格拉底这一行为对西方思想文化发展的影响。

（2）西塞罗评价苏格拉底和司马迁评价孔子的视角有何不同？结合其所处的时代背景就两者评价的内容谈谈自己的看法。

试题解析：本题以西塞罗对苏格拉底和司马迁对孔子的评价入题，借西塞罗和司马迁之笔考察苏格拉底对西方哲学发展的贡献、孔子对中国古代文化发展的贡献。在解答此题时要注意区分三重时代背景：苏格拉底和孔子所处之时代、西塞罗和司马迁所处之时代、自身所处之时代，在审清设问基础之上再进行作答。

第（1）问，所答知识点应处"苏格拉底所处之时代"，本质考查苏格拉底哲学思想中体现的人文精神和对西方哲学发展的影响。第（2）问是对历史学习方法的考查，所答知识点应处"西塞罗、司马迁所处之时代"，回答这一问时首先要注意时空的转换，再联系相关史实，史论结合作答。

答案：（1）含义：苏格拉底将哲学对自然的关注引入到对社会和人自身的关注，对知识和美德的追求。影响：苏格拉底开创了希腊哲学的新方向，使哲学真正成为一门研究"人"的学问；他崇尚知识和自由探索的精神对后世西方哲学的发展产生了深远影响。

（2）不同：西塞罗从哲学发展的视角，司马迁从政治与文化的视角。西塞罗生活的时期是罗马帝国扩张、征服希腊的时代，希腊的文化对其影响很大；司马迁生活在汉武帝时期，"罢黜百家，独尊儒术"，儒家思想确立其正统地位，国家的文化政策对其评价产生了一定影响。

【模拟试题举例2】

材料一 文艺复兴是一个巨人辈出的时代，归结到根本点，应该说文艺复兴对世界文明最伟大的贡献，还是它通过自己各方面的重大成就，昭示了一种个人主义的伦理观……只有解决了个人主义的合法性问题，一切阻碍个性自由发展的传统束缚才可能被冲破……社会才有可能开启由传统向现代的转变进程。

马丁·路德的政治思想既烙有文艺复兴的印记，又体现了对文艺复兴的深化。他提出"因信称义"……鼓吹教权至上，主张各国教会应与罗马切断联系而由各国的政府来管理，则鲜明地反映了他对民族自由含义的一种更深刻的理解。

——马克垚《世界文明史》

材料二 这些哲人受万有引力定律的影响很大，相信存在着不仅像牛顿所证实的那样控制物质世界、也控制人类社会的自然法则……更为重要的是，他们发展起一系列革命的原则，打算通过这些原则实现大规模的社会改革。

他们在经济领域中的主要口号是自由放任……国家对自然经济力量的自由发挥作用不得干涉……在宗教方面……伏尔泰说："如果在英国仅允许有一种宗教，政府很可能会变得专横；如果只有两种宗教，人民就会互相割断对方的喉咙；但是，当有大量的宗教时，大家都能幸福地生活、和睦相处。"……在政治方面……卢梭说，所有公民在建立一个政府的过程中，把他们的个人意志融合成一个共同意志，同意接受这共同意志的裁决作为最终的裁决……"行政权的委托人不是人民的主人，而是人民的办事员；人民能如心所愿地使他们掌权和把他们拉下台；对受托人来说，不存在契约的问题，只有服从"。

——斯塔夫里阿诺斯《全球通史》

（1）根据材料一，结合所学知识，概述"个人主义的伦理观"的含义。如何理解解决"个人主义的合法性问题"？结合材料分析解决"个人主义的合法性问题"有何重要意义？

（2）根据材料一概括马丁·路德的思想"烙有文艺复兴的印记，又体现了对文艺复兴的深化"的表现，并据此分析文艺复兴与宗教改革的关系。

（3）根据材料二，简要分析启蒙运动是如何进一步发展人文主义思想的。

试题解析：本题引用的几则材料体现的是"人文主义"思想在不同时期、不同领域的内涵，考查考生对"人文主义"思想理解的深刻程度。

第（1）问的"个人主义伦理观"就是人文主义思想，要将如何理解"个人主义伦理观合法性问题"进行转化，其实就是问"'人文主义'思想为何要争取合法性"，自然会联系到中世纪人文精神的湮灭，实质上是考查文艺复兴运动的影响。其影响的方面有很多，考生要注意材料已设定了角度"社会才有可能开启由传统向现代的转变进程"，即侧重于从思想解放，促进社会转型的角度去分析。

第（2）问本质是考查人文主义思想在文艺复兴和宗教改革时期的不同含义，关于近代西方三次思想解放运动中人文主义的内涵是必须掌握的内容：文艺复兴抨击天主教会，提倡人性，倡导个性解放，形成了人文主义思潮；宗教改革挑战教皇权威，打击天主教会神学统治，人文主义思想得到进一步弘扬；启蒙运动宣扬理性主义，明确提出反对封建专制制度，建立资产阶级民主政治，丰富发展了人文主义内涵。此问的回答还要注意与材料的结合。

第（3）问考查学生的概括能力。若第（2）问是纵向考查人文主义在不同时期的含义，即么这一问则是横向考查人文主义在不同领域的含义。虽然材料中所给的社会发展、宗教、经济领域学生较陌生，但结合材料不难概括，此问既考查了学生对人文主义内涵理解的深刻程度，难度又不大，角度比较独特。

答案：（1）含义：以人为中心，重视人的价值，强调人的作用，追求个性自由、知识、现世幸福等。理解：中世纪，欧洲处于基督教的神学统治下，"人文主义的伦理观"在当时受到压抑，所以要解决个人主义的合法性问题。

意义：解放了人们的思想，有利于个性自由的发展，推动了文艺复兴运动；弘扬人文主义精神，推动了欧洲的近代化进程。

（2）表现：马丁·路德思想带有承认个性自由的人文主义倾向，同时又提出"因信称义"，直接挑战教皇的权威，主张各国政府管理教会，民族自由。

关系：宗教改革继承发展了文艺复兴的人文主义精神。

（3）人文主义在启蒙运动时期发展为"理性主义"，表现为以科学精神为指导，发现社会发展规律，在经济领域主张自由放任，在宗教上主张信仰自由，在政治上主张建立资产阶级民主制度。

**【备考思路拓展】**

人文主义的内涵丰富，不仅体现在不同历史时期，也体现在不同领域。既可考查苏格拉底思想体现的人文精神，也可设问"孔子的思想是如何体现人文精神的"。孔子"有教无类""因材施教"的教育思想体现了对人全面发展的尊重，对鬼神"敬而远之"思想体现了对现实的关注，均包含了丰富的人文精神。儒家思想的"民本""民贵君轻"，孙中山的"民生主义"都包含有丰富的人文精神在内，这点我们不能忽视。

考查文艺复兴运动的影响，侧重于从思想解放，促进社会转型的角度去分析。目前，高考主观题命题有一个大的趋势，就是直接设问类题目越来越少，需要转换的问题越来越多，设问与材料结合程度越来越紧密。典型代表就是2012年广东卷第39题第（3）问"从西方民主政治发展的角度，简要分析'民主'概念变化的原因"，若没有前面"从西方民主政治发展的角度"的设定，此题答案要点非常多，可从政治、经济、思想文化等多个领域作答，可一旦限定角度，考生反而感到无话可说，这是一个非常值得注意的现象。目前，高考问题设问角度越来越具体，对应的答案也越来越具体，以往那种针对某个历史时期总结出的特定答题模式越来越不符合高考需要。考生在复习时要吃透历史概念，不要存侥幸心理，力争做到高考中以最准确的语言一针见血地写到最正确的答案，而不是靠胡乱堆砌史实蒙分。

值得注意的是，高考试题都是命题者精心设计出来的，所以主观题材料题的每一句话都要认真读，尤其是题头，更是不能忽略，其中往往就包含有这道题的主题或主旨，甚至最后开放性试题的答案，要牢记一句话，即"试卷无废言"。

### 三、不同文明的交往与发展模式的选择

【学习价值概述】

本知识主题的学习价值包含三个方面的内容：一是不同文明的交往，二是文明发展模式的选择，三是不同文明交往与发展模式选择的交互影响和相互作用。在近几年的全国和各省高考试题中，文明交往已有了一些涉及，但"文明发展模式的选择"以及"不同文明交往与发展模式选择的交互影响和相互作用"的命题还有待进一步开发。

文明交往是人类智慧、善良和爱心的持续不断积累的结晶，是逐步摆脱人类野蛮而日渐文明化的过程。它的特点是自发走向自觉、自在走向自为、情绪走向理智、必然走向自由、对抗走向对话、对立走向合作等。文明交往的终极目标是追求人与人之间的和睦相处，是人与自然之间的平衡和谐，是民族之间、国家之间的平等互利，是对自己文明的自尊、欣赏和对异己文明的尊重、宽容，乃至欣赏，是爱其所同、敬其所异的广阔胸怀和对人类共同美好理想的追求。因此，在全球化、信息化、多样化背景下理解文明交往的平等性和多样性无疑是非常重要的。

关于文明发展模式，我们需要注意：对世界古代史而言，重点是对大河文明、海洋文明、草原文明三种文明模式选择的了解与认识；对世界近现代史而言，发展模式的选择主要是一个经济概念，它具体表现两个方面：一是欧美资本主义国家从自由资本主义到国家垄断资本主义，其运行机制表现为重商主义→自由主义→罗斯福新政→战后初期国家垄断资本主义的普遍推行→70年代减少国家干预→90年代"中间道路"。二是社会主义国家苏联与中国，苏联是高度集中的政治经济体制与计划经济体制，中国由计划经济到社会主义市场经济体制的转变。

不同文明交往极大影响了甚至决定了发展模式的选择，发展模式的选择反过来推动文明的前进和不同文明的进一步交流等。"传承为文明内部发展之脉，传播为文明外部交往之路，选择为文明交往之键。"以往的高考虽然没有明确从不同文明交往极大影响了甚至决定了发展模式的选择这个视角命题，但在具体的交往史实或所产生的相互影响上却经常或明或暗的命题，近代中国

在文明交往与发展模式选择中的交互作用与影响更是要引起考生高度关注的地方。

【重点难点解读】

1. 关于中外文明交往

文明交往是人类交往的文明化过程，是不断弃恶扬善、求真和审美，从而不断完善自我的历史发展过程。文明的生命在交往，交往的价值在文明。它包括人与自然、人与社会和人与自我三大主题；涉及物质文明交往、精神文明交往、制度文明交往和生态文明交往四个层面；贯穿于社会结构、社会制度、社会关系、社会意识和社会生活五种文明交往形态。物质交往，提高了人们富裕文明生活；精神交往，升华了人们思想文明境界；制度交往，推动着人们社会文明规范的完善；生态文明交往则增进了人类社会与自然环境的和谐与统一，保证了社会的持续发展。

（1）中外文明交流的两个阶段

人类文明是多样性化的，只有维护，本着通过各种文明之间的互动合作、和平共处、互利互信、互学互补、共同发展，才能使人类走入丰富多彩的历史深处。从发展阶段上来说，资本主义文明产生以前的古代文明阶段有三个不同的文明范式：一个是大河文明（亦称农业文明），人类早期文明大多发生在大河流域，如古埃及之于尼罗河畔，古巴比伦王国之于两河流域，印度文明之于印度河流域，中华文明之于黄河长江流域，这类文明称之为大河文明。另一个是海洋文明，特殊的地理条件（土地有限），迫使商业活动成为其社会生活的主角，并由此而产生了比大河文明更具融合性、开放性和自由民主化程度更高的海洋文明。第三个是草原文明，以匈奴和蒙古帝国为其中代表。近代文明实质上就是工业文明下的产物，主要表现为近代资本主义文明。一战后的现代文明有两个不同的范式：现代资本主义文明和现代社会主义文明，两种文明从对立走向合作，从分裂走向共生共融。

中外文明交流主要分为两个阶段；第一阶段是16世纪以前，交流的特点和主要内容是"东学西传"和向邻国发散式扩展。第二阶段是16世纪以后，交流的特点和主要内容是"西学东渐"。

16世纪以前双方的文化交流以"东学西传"为主。有三个角度是高考命题的热点视角：一是"东学西传"的特点。这一时期中西文化交流还没有大规模地展开，东西双方尚谈不上对对方的文化有多么深入地了解和认识，交流的层面也多停留在物态文化方面。二是"东学西传"的主要原因。16世纪以前，中华文化在科学、史学、文学、艺术等各个方面均取得了光辉灿烂的成就。三是在"东学西传"阶段，虽以中华文化的西传为主，但也存在着"西学东渐"现象。

16世纪以后双方的交流特点是"西学东渐"。有五个视角极有可能在高考命题中呈现：一是以平等的视角把"西学东渐"性质定位为两大不同文明的交往。随着新航路的开辟，中西文化交流出现新的格局，拉开了世界文化史上西学东渐的序幕。二是"西学东渐"特点及原因分析。在近现代的中西文化交流中，西方文化占据了主导地位，并由此产生了数百年"西学东渐"现象。在"西学东渐"时期，中西文化交流无论在规模上，还是在深度、广度上都大大地超过了前一时期。文化交流的方式也发生了变化，以暴力征服或战争方式为主，并出现了空前的碰撞和冲突。三是"西学东渐"走的是先科技、后制度、再思想的道路。19世纪40年代，西方列强用"坚船利炮"凿开了中国闭关自守的大门，将西方文化强行输入到中国，近代中西文化交流在特殊的背景下展开。中国人也开始了自我救赎，从"师夷长技以制夷"到"中学为体，西学为用"，从维新变法到辛亥革命再到新文化运动，从以俄为师到走自己的路。四是在"西学东渐"的同时也存在着"东学"的"西传"。在这一时期，西传的中国文化主要是制度文化、思想文化、科技文化等，其方式主要是借助西方传教士在华期间所作的通信、笔记和译介文献等传播，这些涉及中国社会各个方面的著作、笔记、信札等向西方社会传播了大量的有关中国历史文化、典籍制度、礼仪习俗、天文地理及科技知识，对西方的启蒙思想家产生了很大的影响，他们大都从中国文化中摄取可资利用的证据以充实其理论。如伏尔泰在《风俗论》中，以儒家道德理想主义为根据，批判教会的蒙昧主义，盛赞中国文化。另一方面，鸦片战争后，中国人也开始主动地向西方传播中国文化。五是本阶段还可以分为不同的两个学习时期：一个是16世纪到1840年，是西学东渐的主动学习和接纳阶段。另一个是1840年以后，西学东渐在被侵略和被迫中进行。

（2）不同文明交往的两种方式

不同文明交往的方式，我们要注意三个视角：一是和平与暴力是两种基本的文明交往形式。文明间既也没有绝对的和平式交往，也没有永久的非和平式交往。二者通常是相互交织、相生相伴、如影随形，共同促进各自文明的发展，推动人类历史进行文明交往。二是商业贸易是政治交往、社会交往、文化交往的先导、中介和沟通的渠道。商业贸易不仅维系着古代东西方丝绸之路，而且在新航路开通之后的西方列强争夺殖民霸权的长期商战中，又同战争的暴力交往形式结合在一起。三是文化交往、特别是文艺交往是各民族、各国家最容易接触和接受的和平交往方式。文学交往是沟通人们心灵、加强了解和增强感情的重要渠道，属精神文明方面的文化交流，它能提高世界人民精神境界，并使民族文学汇流成全人类共同精神财富的世界文学。如果说思想交往要靠理性、靠逻辑，艺术则靠感触、靠感情交流，艺术之桥是心灵之桥。不同文明的人们，可以在真善美的艺术世界中交流感情。文化交往的涓涓细流，滋润着人类的心田，成为推动人类社会走向文明化的重要动力。

（3）对文明交往的评价与认识

不同文明范式的创造与发展，从来都不是一个群体、一个民族、一个国家自然进化、孤立发展、单打独斗的结果，而是一个既立足于特定的、具体的自然与历史条件，同时又互相撞击、互相借鉴、互相竞争、互相超越的永无止息的过程。文明的共同性或共通性，是不同文明范式互相借鉴的基础，它总是在交融互动中共同发展的。文明交往是对自己文明的自尊、欣赏和对异己文明的尊重、宽容，乃至欣赏；多元文明的共存和交往是人类文明发展的大趋势。它的主要意义在于坚持文明交往的平等性和开放性，对自己的文明要有"自知之明"，对其他国家的文明要有"知人之明"。

在现今以和平与发展为主流的多极化世界，无论是资本主义文明，还是社会主义文明，在相当长的时期内都有其存在的合理性和必要性。社会生产力相对发达的近代资本主义文明在其良性运行和协调发展过程中，为近代文明奠立了一座座耸入云霄的文明丰碑，他们所创造的文明智慧让后世享用不尽。社会生产力相对不发达的现代社会主义文明也以人类文明发展的最高形式和合理竞争的需要，表现出存在的必要性及其理想的价值，近代资本主义文明在其发展过程中就大量借鉴和吸收了社会主义文明的营养。两种文明在相互比较中存在，在对立统一中发展，在求同存异中相互学习，在竞争借鉴中互助发展，各擅其美，交融共进。

**2. 关于发展模式的选择**

（1）发展模式的概念

发展模式从广义上讲，包含了经济制度体制、社会政治制度、历史文化传统等综合要素。从狭义上讲（特别是相对于世界近现代史而言），是一个经济概念，即一个国家的经济制度、经济体制、经济政策及经济活动的经验总结与高度概括。

（2）对世界古代史两种文明模式选择的认识

中国的大河文明是发源于大江大河，受惠于大江大河的哺育。大江大河灌溉水源充足，土地相对肥沃，有利于农业生产的发展。古埃及、古巴比伦、古印度、古中国均靠海，但其文明的发展主要得益于河流。以农业生产为主的地区需要安定，所以希望一个强有力的中央政府来进行统治，因此中国古代有着长达两千多年的专制主义中央集权的政治制度。

希腊环海、多山、多岛，海岸曲折，多良港，有利于发展航海贸易事业。这种地理特点决定古希腊人只能从事商业活动和对外殖民活动发展海外贸易来解决人地矛盾和生存问题。商业活动最主要的要求和特点是商品交易的双方或多方主体是平等和自由的。因此，民主政治成为希腊众多城邦首选的政治制度之一。古希腊的地理版图破碎和众多的城邦小国，使其难以形成统一的政治中心，不可能像中国一样建立领土广大的中央集权国家。

（3）世界近现代史的发展模式

当今世界影响较大的发展模式，如果以社会制度、意识形态作为划分标准，有资本主义发展模式和社会主义发展模式，在冷战时期还简单地称之为市场经济模式与计划经济模式。如果从市场的自由程度来划分，可分为自由市场发展模式、社会市场经济模式、集中型的市场经济模式。如果从市场发育程度来衡量，可分为成熟的市场经济模式、转型的市场经济模式、落后的市场经济模式。如果从发展程度与水平来划分，可划分为发达国家的发展模式与发展中国家的发展模式。如果从特定的发展形态、特质来划分，又可分为新兴国家发展模式、传统工业国家发展模式。如果从地理、地域以及历史文化等因素来区分，可以划分为英美模式、莱茵模式、转型国家模式、东亚模式、拉美模式等。

因此，我们需要了解以下几种现代化（主要是指工业现代化，也称近代化）的经济发展模式：①自由放任型（以英国为代表）；②国家干预经济型（以美国罗斯福新政为代表）；③高度集中的计划经济型（以苏联斯大林模式为代表）；④特色社会主义市场经济型——计划与市场相结合型（以中国社会主义有计划的市场经济为代表）。国家干预经济与市场经济相结合（各自国家有计划的市场经济与世界经济全球化市场经济相结合）是当今趋势。

（4）对经济发展模式选择多样性的理解与认识

第一，模式没有好坏优劣之分，只有适合或不适合之别。不同的经济模式是根据客观经济生产力的发展要求、及时调整生产关系和适合生产力发展的结果。无论是资本主义国家还是社会主义国家，都不会只有一种固定的发展模式。即便是发展水平相近的国家，发展模式也不会一模一样。任何一个国家要想保持较好的发展，都必须选择符合本国国情的社会制度和发展模式。

第二，经济发展模式是在不同的生产力发展基础上产生的，是受多种因素制约的。生产力的发展水平、国内自然资源情况、产业发展程度、社会政治制度等因素都影响着发展模式的选择。生产力发展水平是影响发展模式的最为重要的因素。此外，不同国家的历史文化传统和自然环境等因素也影响和制约其社会发展模式。

第三，各种不同的发展模式都处于动态的演变过程中。世界上任何一种发展模式即便经过一定时期的实践检验成形后，也不可能一劳永逸，需要根据时代的变迁和形势的发展而及时地进行调整和创新，需要进行体制机制的健全与完善。

第四，当今世界进入多元模式竞争的时代，发展模式的竞争实际上是一种软硬实力的全面展示。在经济全球化加速发展的新形势下，发展模式的选择和培育非常重要，发展模式之间的竞争已经成为决定一国前途命运、展示良好国家形象、彰显国家实力的最好招牌。

第五，对中国模式的认识。从人类历史上看，社会主义实践探索的时间还不长，我国发展取得的成绩离不开借鉴和吸收世界各国的经验和教训。我国立

足本国实际和民族历史文化传统，不断探索和完善适合我国国情的发展道路和
发展模式，从根本上说这种发展模式就是中国特色社会主义道路。近20年来，
在东欧剧变、苏联解体、日本经济萧条、拉美经济崩溃、美国金融海啸、全球
金融危机等重大变故和冲击面前，中国特色社会主义的成功实践成为当今世界
发展进程中的一大奇观，对世界各国的发展产生了积极影响，为许多发展中国
家提供了宝贵经验，也极大地丰富了科学社会主义理论和实践。

第六，对当前国际市场经济与国家干预经济相结合的主流经济模式的认
识。一是经济自由主义与政府干预主义的轮回还将继续。二是一些发达国家的
发展模式在调整中日益趋同。发达国家执政党在选择发展模式时，尽可能避免
走过去左、右两个极端，以满足选民利益为出发点和立足点，左、右翼政党彼
此借鉴，政策主张"趋同"。当前，二者只在社会改革程度和代表社会阶层方
面有所差别，而在根本政治问题和对待经济危机、气候变化等重大问题上基本
一致。

**3. 不同文明交往与发展模式的交互作用与影响**

（1）内部文明交往影响或决定发展模式的主要史实

以中国为代表。古代少数民族进入中原后，在汉族先进生产方式和统治制
度影响下，均采取了接受"汉法"的措施。西晋陆续内迁的匈奴、鲜卑、羯、
氐、羌等游牧民族原来还保留着自己的语言、习惯和部落组织。到北魏统一黄
河流域后，少数民族逐渐学会先进的农耕技术，成为农业居民。孝文帝颁布均
田令，迁都洛阳，采用汉族统治阶级的政治制度，加速了北方少数民族封建化
进程。契丹族首领阿保机接受汉族封建文化、任用汉族读书人制定典章制度。
党项族仿照汉族确立政治制度。金世宗进行改革推行恢复农业生产的措施。蒙
古族是蒙古高原上的游牧民族，蒙古贵族攻占中原地区初期，把游牧生产推广
到中原，后来才"退牧还耕"，中原先进的生产方式要求改变其保守落后的
"旧俗"，这势必会促进蒙古族封建化速度，使元朝统治取得汉族地主阶级支
持。建立清朝的满洲贵族，入关后在经济上逐步调整统治政策，鼓励和恢复农
业生产，在政治上完全沿袭了专制主义中央集权制。

（2）外部文明交往影响或决定发展模式的主要史实

日本的大化革新（中化）和明治维新（西化），英国的日不落帝国和资

本主义文明在全世界的传播，北美的独立战争受法国启蒙思想的影响，法国资产阶级革命受美国独立战争的影响，俄国农奴制改革走上资本主义道路，德国统一中的战争交往，埃及的阿里改革。近代中国的洋务运动、维新变法、清末新政，乃至其后发生的资产阶级革命、辛亥革命后政治体制的选择、新文化运动等；之后的中国共产党也曾经历从走俄国人的革命道路到走自己的革命道路、从社会主义建设中模仿斯大林模式到选择中国特色社会主义道路的历程。等等。

（3）近代中国在文明交往与发展模式选择中的交互作用与影响

罗衍军在《近代中国对西方文明的回应》一文中认为：在近代中国，西方文明是紧随着西方列强对中国坚船利炮的军事入侵而进入中国的，一批又一批仁人志士在不同文明交往与发展模式选择的交互作用和影响中既反抗西方列强入侵，又积极学习西方的先进文明，为国家的富强而进行了前仆后继的斗争与追求最理想的发展模式。

认识一：近代中国走向文明进步，是中国人民自身奋斗和在不同文明交往中主动选择发展模式的结果，而非西方列强的恩赐。

认识二：近代中国对西方文明的吸纳和学习，经历了一个逐步深入的过程，这一过程是一个不断自主选择发展模式的过程。

认识三：近代中国对西方文明的回应，是对西方文明进行创造性改造和中西文明互相融合的过程。

近代中国对西方文明并非一个简单的模仿和机械照搬的过程，而是在保存优秀传统文明的基础上，对近代西方文明进行创造性融合与改造、去糟粕吸精华并主动选择发展模式的过程。康、梁等维新派在宣传变法运动时，便采取了"援西入儒"的策略；民主革命先行者孙中山"取欧美之民主以为模范，同时仍取数千年前旧有文化而融贯之"，根据当时中国的现实状况，创造性地改造和发展了西方的三权分立学说，在立法、司法、行政三权的基础上，加上考试和纠察两权，形成五权宪法；以毛泽东为代表的中国共产党人则根据中国的社会现实，将马列主义的普遍真理与中国革命的具体实践相结合，创造性地改造和发展了马克思列宁主义，提出农村包围城市、建立和发展农村革命根据地，领导人民实现了新民主主义革命的胜利。

**【考查方向指点】**

从2007—2013年全国及各省试题来看，明确以"不同文明交往"或"发展模式"为立意的试题只有3道，约有十几道涉及这两大主题知识点，但都是附带而过。2012年浙江卷第38题涉及不同文明的交往这个知识点，但没有在文明交流的"隔绝、碰撞、交融、解放"等关节点上精心设计；2013山东省文综第28题部分涉及了19世纪末20世纪初中外文明交往中的教育交往与影响。关于发展模式选择这一主题知识点，经济模式命题较多，文化模式偶尔涉及，政治模式几乎成了高考命题的"禁飞区"。如2008年江苏卷第23题涉及其中的经济模式，2013年福建文综卷第38题中外不同的工业化道路。因此，不同文明交流和发展模式的选择还处在高考命题的"初级阶段"，相信未来高考命题将会在此处"大有作为"。

第一，不同文明交流在未来高考的历史命题中将会集中于对文明交流概念的把握与理解、不同文明交流的内容与史实、不同文明交流的主要方式、不同文明交流的相互作用和影响、对不同文明交流的评价与认识等几个方面。具体史实可能会集中在中国古代中华民族内部文明交流、中外文明交流、世界文明交流与碰撞这三个点上。

第二，发展模式选择的命题主要集中在对发展模式概念的理解、发展模式选择的史实与内容、发展模式的选择对本国与世界历史发展作用与影响、发展模式选择的评价与认识等。从内容上来说，主要集中在近现代经济领域的两大热点上：一是20世纪以来，以苏联为代表的社会主义国家和以美国为代表的资本主义国家的经济体制在实践中探索，在调整中创新。二是中国特色社会主义道路也经历曲折的探索，初步形成了中国特色社会主义经济发展模式。高考命题对上述两个方面的考查，视角可能有四：一是改革的视角。发展模式的不同选择从某种意义上来说属于改革的范畴，改革作为社会进步的主要方式之一，是历年高考考查的热点区域。二是多元史观的视角。文明史范式、现代化范式、全球史范式、社会史范式、后现代主义范式等多元史观都能够以各自独特的视角来隐性介入各国发展模式的不同选择。三是以"新课程"理念渗透试题，具体入题形式可能会以"研究性学习"试题、探究型试题、开放型试题为主，命题的主题或话题以发展模式在选择中如何关注民生、政府采取哪些措施、利用哪些方案来解决社会存在的突出问题，促进社会和谐。四是在历史中寻找现实的落点，以史为鉴。

第三，"不同文明交往"与"发展模式"两大知识点的交互作用和相互影响也是高考命题"重点和热点"视角。如不同文明交往极大影响了甚至决定了发展模式的选择，发展模式的选择反过来推动文明的前进和不同文明的进一步交往等。

可以肯定的是，随着改革开放的进一步深入和思想的进一步解放以及命题"禁区"的逐步减少，不同文明的交往与发展模式的选择及交互影响和相互作用这三个主题知识点是2013年乃至今后相当长一段时期高考命题必然要关注的重点、难点和热点，考生对此不可小视。

【典型试题分析】

（2010年山东卷第27题）该题考查学生获取和解读历史信息的能力，调动和运用所学知识，论证和探究问题的能力。第（1）问是开放性命题，答案可以有多种选择，但最佳的应是"偶然"与"必然"的结合。哥伦布发现美洲新大陆，"偶然"指他最初的目的是向西航行到达亚洲（印度），而且到死，他都不认为自己发现的是一块未知的新大陆。"必然"主要指的是新航路开辟的原因及条件。第（2）问"发现美洲"体现的是以欧洲为世界的中心；而"两个文明汇合"和"两个大陆相遇"则是考查了文明史观和全球史观。第（3）问以小论文的形式考查我们对基础知识，语言表达的把握，同时也体现了全球史观。

本道高考题命题立意高远，巧妙考查了学生的情感态度价值观。通过对不同人类文明交往史哥伦布远航美洲和新航路开辟的史实与史观的考查，引导考生"认识人类社会发展的统一性和多样性，理解和尊重世界各地区、各国、各民族的文化传统，汲取人类创造的优秀文明成果，进一步形成开放的世界意识"。正确认识文明多样性，平等对待各种文明，正确认识人类交往和文明交流对于历史发展的重要意义。不同人类文明交往的历史将是未来高考命题取之不尽用之不绝的"汪洋大海"。考查内容涉及古（哥伦布航行到达美洲、明清时期的中国）、今（对"发现美洲"的不同看法等）、中（明清时期中国的对外政策和影响）外（哥伦布开辟新航路的经过影响等）；所选的三则材料围绕哥伦布"发现美洲"切入，从发现美洲、"美洲发现——两个文明汇合"到"两个大陆相遇500年"等不同的提法和观点，自始至终隐含贯穿着一条主线："交流、融合、开放、一体"。这里既有被动开放（美洲被殖民者探寻航路时发现），也有主动开放（两个文明汇合，经济全球化下的世界连成一体，对"哥伦布发现美洲"的提法有了不同看法）；既有欧洲的开放，也有美洲的开放，还深层显示了开放的当今世界。

【模拟试题举例1】

中西文化交流的历史源远流长，广绰庞繁，其中有亲和、有碰撞、更有交汇与融合。两大文化体系也在亦抑亦蓄、共拒共融中走向鼎盛。阅读下列材料，结合所学知识回答问题。

材料一　中外文明交流主要分为两个阶段。第一阶段：16世纪以前是"东学西传"，中国文化传到西方去的主要是物态文化（包括科技和艺术成果）。第二阶段：16世纪以后是"西学东渐"。

——摘编自李翠玉《中西文化交流的历史考察》

材料二　不同文明之间的冲突和融合，构成了文明交往史上的诸多绚丽篇章，和平与暴力是两种基本的交往形式。

材料三　文明交往是人类历史发展的动力，是人类历史变革和社会进步的标尺，是人类文明发展的里程碑。文明交往是人类交往的文明化过程。文明交往是对自己文明的自尊、欣赏和对异己文明的尊重、宽容，乃至欣赏；多元文明的共存和交往是人类文明发展的大趋势。

（1）根据材料一并结合所学知识，指出"东学西传"阶段中国传到西方的"物态文化"的三项代表。并概括这一阶段中西文明交往的主要特点。

（2）结合所学知识，概括近代中国"西学东渐"的特点。简要论述近代文明交往在促进中国近代社会变革和思想文化领域的深刻变化。

（3）有人认为文明交往中和平比暴力好，也有人认为暴力比和平来得快。结合材料二谈谈你对上述观点看法。

（4）以材料三所论述的意义为出发点，对不同文明的交往提几点建议。

试题解析：文明交往特别是中西文明交往，它所涉及的一系列问题都是未来高考命题的热点视角。因此，本题从"东学西传"阶段"物态文化"的西传和主要特点、近代中国"西学东渐"的特点和引发的深刻变化、对两种文明交往手段的讨论和对文明交往的正确认识这几个目前看起来是"盲点"的主题知识点入手，从一小点出发，牵一发而动全身，挖掘文明交往的隐性内容和意义，引导考生自觉总结历史上文明交往的特点或规律，并得出正确的认识。如坚持文明交往的平等性和开放性；对自己的文明要有"自知之明"，对其他国家的文明要有"知人之明"；既要反对民族虚无主义，又要反对极端民族主义等。

答案：（1）代表：如丝绸、瓷器、漆器、茶叶、稻米、制糖术、四大发明等。特点：这一时期中西文化交流还没有大规模展开，东西双方文化尚未形成深入了解和认识，交流的层面也多停留在物态文化方面。

（2）特点：①是在侵略与反侵略的特殊背景下展开的，学习西方与抵制侵略、启蒙和救亡是紧密相连的，体现出强烈的反封建反侵略性质。②是在西学影响下进行的，以向西方学习为主要途径，以西方资产阶级政治学说为主流。③随着对西方文化认识的不断加深而逐步推进，经历了一个由浅入深、由表及里的过程，由初期模仿西方的科学技术到后来逐渐领悟到学习西方的政治、经济、教育制度等。深刻变化：一是在西方文明的启迪和催化下，导致了中国近代自然科学、社会科学的启蒙和建立。二是通过学习外国先进的生产方式，先进的科学技术和管理经验，提高了劳动生产率，推动了近代中国生产力的发展。三是西方文明的传入，客观上加速了中国旧文明的解体，促进了人们的思想解放，推动了中国近代的改革运动和革命运动。四是马克思主义在中国的传播，最终为中国人民所接受，这是中国人学习西方文明的最大成果。

（3）看法：上述两个观点都是片面的，具体论述分三个层次计分：层次一（单点论述）：文明交往的和平形式是经常的、大量的和主要的交往形式。无论是古代的各文明中心之间，还是跨大陆的各帝国之间，或者是民间的商旅、教旅、学旅之行，和平形式的交往，一般占主导地位。层次二（双点论述）：层次一+非和平交往的背景是文明间存在矛盾、分歧、对立，乃至最终因不可调和而致的战争；战争是非和平交往的最高形式，是一种暴力交往。层次三（多点论述）：层次二+纵观人类历史进程，和平交往与非和平交往相生相伴，如影随形。纵向看，文明间既也没有绝对的和平式交往，也没有永久的非和平式交往。二者通常是相互交织，共同促进各自文明的发展，推动人类历史进行文明交往。

（4）建议：第一，对自己的文明要有"自知之明"，对其他国家的文明要有"知人之明"。第二，坚持文明交往的平等性和开放性。第三，在文明交往过程中，既要反对民族虚无主义，又要反对极端民族主义。第四，在全球化时代，尤其要注意处理好外来文明和本土文明的关系，使文明交往成为世界和谐发展的重要推动力。

**【模拟试题举例2】**

材料一　在近代中国，西方文明是紧随着西方列强对中国坚船利炮的军事入侵而进入中国的，一批又一批仁人志士在不同文明交往与发展模式选择的交互作用和相互影响中既反抗西方列强入侵，又积极学习西方的先进文明，为国家的富强而进行了前仆后继的斗争与选择最理想的发展模式。

材料二　近代中国对西方文明的回应过程，并非如某些学者所认为的那样，是西方列强给中国带来了先进的资本主义文明，是西方的入侵消灭了中国的蒙昧落后，使中国在政治、经济、文化等各方面走向文明。

——以上材料均摘编自罗衍军《近代中国对西方文明的回应》

（1）根据材料一并结合所学知识，中国志士仁人"为国家的富强"先后选择过哪些"最理想的发展模式"？

（2）结合所学知识论证材料二的观点。

（3）根据上述材料并结合所学，分析不同文明交流与发展模式选择的交互影响。

试题解析：本题是一道尝试性的"凿空"题，旨在通过它来击中未来高考命题的重点："不同文明交往极大影响了甚至决定了发展模式的选择，发展模式的选择反过来推动文明的前进和不同文明的进一步交流"这一基本规律。特别是对中国近代文明进步是中国人自身奋斗、自主选择发展模式的结果的认识。运用长时段的视野，动态地、以小见大地理解两者交互作用的深层含义。当然，对我们而言，本题的主要难点在于对试题主旨理解得准确与否。

答案（1）史实：开眼看世界、太平天国运动与《资政新篇》、洋务运动与中体西用、维新变法运动与君主立宪、辛亥革命与共和制、新文化运动进行思想启蒙、中国共产党领导新民主主义革命等。

（2）第一，近代中国走向文明进步，是中国人民自身奋斗和在不同文明交往中主动选择发展模式的结果，而非西方列强的恩赐。第二，近代中国对西方文明的吸纳和学习，经历了一个逐步深入的过程，这个过程其实就是一个不断选择发展模式的过程。第三，近代中国对西方文明的回应，是对西方文明进行创造性改造和中西文明互相融合的过程，是在保存优秀传统文明的基础上，对近代西方文明进行创造性改造，去其糟粕、取其精华的中西文明融合并主动选择发展模式的过程。第四，西方侵略中国的主要目的是侵占中国大片领土，攫取大量的经济利益；把中国纳入世界资本主义市场体系，使中国在政治、经济、文化各方面都成为它们的附庸。而不是为了中国的繁荣和富强。更不是要把中国纳入西方资本主义的文明体系。

（3）不同文明交流极大影响了甚至决定了发展模式的选择，发展模式的选择反过来推动文明的前进和不同文明的进一步交流等。

【备考思路拓展】

文明交往在高考命题中已经"稀疏"地出现。我们在复习中应该重视以下几个视角：一是文明交往的基本内容是物质文明、精神文明、制度文明和生态文明，就中外文明交流而言，它分为东学西传和西学东渐两个阶段。二是和平与暴力是两种基本的交往形式，战争是非和平交往的最高形式，是一种非常态的暴力交往，有积极性和破坏性双重作用。三是对文明交往的评价与认识，世界古代史主要以（大河文明、海洋文明和草原文明）三大文明为代表的交往，其中草原文明起着桥梁作用；近代文明交往史主要以资本主义文明和社会主义文明为代表，它们都是近代文明的重要组成部分，互相学习和借鉴彼此文明的积极成果，是建设各自文明的客观需要。四是文明交往是对自己文明的自尊、欣赏和对异己文明的尊重、宽容，乃至欣赏，多元文明的共存和交往是人类文明发展的大趋势。

空白处最易有所作为。不同文明交往和发展模式的选择之间的交互作用在高考命题中鲜有出现，浩如烟海的复习资料也没有此类型模拟题，专家学者对不同文明交互作用的论述也不多。这个主题知识点所包含的新观点、新视角在未来几年高考命题及复习中会逐渐受到重视：如近代中国学习西方先进文明的过程就是先贤们为国家富强而追求理想发展模式的过程，它的逐步深入实际上也是一个不断选择发展模式、对西方文明进行创造性改造和互相融合的过程；文明的进步也是中国人民在中西文明交往中主动选择发展模式的结果，而不是西方列强的恩赐。让试题中的新情境与新问题向考生传达真实历史是多样的、复杂的。

（此复习资料第一、二部分由广东省毛经文名师工作室助手杨山坡老师撰写）

**参考文献：**

［1］侯建新.早期欧洲文明建构及影响［J］.历史教学，2017（9）.

［2］（美）查尔斯·霍默·哈斯金斯.12世纪文艺复兴［M］.夏继果，译.
    上海：上海人民出版社，2005.

［3］（美）林恩.桑代克.世界文化史［M］.陈廷璠，译.上海：三联书店
    上海分店出版社，2005.

# 立德树人在养育中潜移默化

　　高考试题一定不能回避社会责任和养育重任，教育部考试中心主任姜钢在《构建高考评价体系，全方位推进高考内容改革》一文中指出高考核心立场是"立德树人、服务选拔、导向教学"，"在落实立德对人的根本任务中实现'育德'和'增智'的彼此交融与共同促进，塑造出知行合一、具有社会责任感、创新精神和实践能力的社会建设者。""高考不但承载评价和选拔功能，也是拓展、培养和实现立德育人的有效途径和重要的育人方式。"2017年6月，《教育部考试中心：2017年高考历史试题的特色》：突出体现社会主义核心价值观；重点考查国史、党史、改革开放史、社会主义发展史；弘扬中华优秀传统文化、革命文化和社会主义先进文化……2017年6月，《教育部考试中心：2017年高考试题评价（总评）》高考是高校选材育人的第一道关、高校思想政治教育的"第一堂课"，要紧紧抓住"培养什么样的人，如何培养人以及为谁培养人"这个根本问题，使高考更好地成为落实立德树人根本任务的重要途径和载体。

## 一、立德树人在五年高考国卷中的体现

　　高考试题与考试不但要承担选拔人才的重任，更要在"培养什么人，怎样培养人上发挥自己不可替代的作用。五年的高考试题，都是以社会主义核心价值观实现立德树人，对唯物史观、时空观念、史料实证、历史解释、家国情怀等五大核心素养进行了全方位的、隐性的、巧妙的考查，每年的国卷高考历史试题共17道，题题富含素养养育，道道是价值引领，素养考查遍地开花，充分体现了命题人员润物细无声的智慧。前些年高考，"知识立意"与"能力立

意"曾经大行其道。从2016年全国卷1历史题开始,"立德树人"与"素养立意"虽然在养育中不露痕迹;但试题对于历史教育价值的挖掘与价值观的正确引领却在试题中旗帜鲜明、比比皆是。的确,历史学科的价值不在教、学、考的法则,而最先必须明确的是考试这门课程究竟有何意义?因何而出发?事实上,高中历史考试的终极目的也是为铸造未来国民基本素养服务的,是为了养育他们的人格,让他们的精神站立起来的。知识与技能固然可以产生力量,过程与方法也能培养能力;但利用考试试题命制从历史知识中挖掘出的价值观却能决定方向。如果高考历史试题缺乏价值引领的正确选择,任何机会都可能变成陷阱与危害,选拔的人能力越大,破坏性就越大。知识产生力量,良知才是方向,考试只有在帮助考生追求真善美时,才是最重要的。立德树人与素养立意追求已成为五年全国历史试题最鲜明的国家意志与特色。

**1. 以2016年为例**

第24题从儒学思想植根于久远的历史传统入题,隐性弘扬中华民族优秀传统文化。第26题以宋太祖为例,从重史传统影响君主个人行为入题。两题都同时考查了同学们以史料为依据,以历史理解为基础,对历史事物进行理性分析和客观评判的历史解释素养。

第25题以汉代画像砖中的农事图反映大地主田庄上的生产情形为例,直指"史料实证"与"时空观念"两大素养,前者是可信史料基础上的重现历史真实的态度与方法;后者是事物与特定时间及空间联系在一起的观察与分析。

第27题从巡抚演变为三司之上的地方最高行政长官,提高行政效率入题,强调政治制度创新的重要性,以史为鉴,有利于学生形成正确的历史观。第28题从19世纪中期以后民众生活与世界市场联系日趋密切入题,考查学生对史事意义的情感取向和理性认识的历史理解。

第29题从甲午中日战争爆发前夕,洋务运动的近代化努力收到较大成效入题,第30题从国民党在抗战期间力图维护一党专制入题,同时考查了同学们史料实证素养与历史解释素养。这两题以纪念抗日战争胜利及世界反法西斯战争胜利70周年为基础,让历史照进现实,既让学生全面评价、正确认识洋务运动的地位和作用,亦让学生牢记日本侵华,进一步深化和升华记仇不报仇的爱国主义教育。

第31题也是通过20世纪60年代调整了与苏联外交政策入题，第34题从新兴独立国家应对不利的国际经济秩序入题，同时考查了历史解释素养。

第32题从正确理解罗马法是近代欧洲大陆国家法律的基础入题考查历史理解素养。第33题从英国君主立宪制尚未完善入题，巧妙地考了时空观念和历史理解两大素养。两道题共同考查了古代罗马和近代英国的民主法制建设，照应并间接渗透了社会主义依法治国理念，达到润物细无声的教育效果。

第35题从马歇尔计划有利于煤钢联营的建立入题，一道题同时考查历史理解和历史解释两大素养。

第40题从清代和近代人口问题入手，全面考查学生论证与阐述、探究与评价、整体性思维和发展性思维、多角度思考问题等高层次思维能力，是一道五个素养同时考查的典型题。

第41题是制度构想题，在往年开放的基础上继续开放，由过去的试题"给问题求论证"上升到由"考生自己找问题并论证"的阶段。自己独立解读信息，自主寻找和发现问题，运用已有知识进行阐释与论证，自我寻找适合的视角，独立提出解决问题的方案或解决路径，一切皆由考生自主完成。在"我的地盘我做主"中，鼓励考生抒写有创见性的答案，学科素养考察得更加充分与淋漓尽致。

## 2. 以2017年为例

第24题和第26题都是在理解史料基础上，对历史事物进行理性分析和客观评判的史料实证与历史解释素养，隐性弘扬国家统一的中华民族优秀传统文化。

第25题从汉朝廷直接管辖的郡级政区变化表入题，考查了西汉中央集权加强与变化，说明西汉朝廷解决边患的条件更加成熟，直指"史料实证"与"时空观念"两大素养，把历史放在特定时间及空间联系在一起的观察与分析。并以正确的价值取向、价值担当和价值引领帮助学生认识、认同和理解不同的政治类型、解决不同政治问题的政治智慧。

第27题以古代中国手工业发展明代玉器制造业为入题点，间接考查明代后期商品经济发展冲击等级秩序。第28题强调实体经济、商品经济和国有经济发展的重要性，考查学生对史事意义的情感取向和理性认识的历史理解，增强考生对国有经济的信心。

第29题从近代中国思想解放潮流留日学生的区域分布、影响留日学生区域分布不平衡的主要因素是地区经济文化水平与开放程度有别入题。第30题从中国军民的抗日斗争陕甘宁边区政府抗日政策的变化是为了适应民族战争新形势的需要入题。这两题均以十四年抗日战争新提法为基础，既让学生全面评价、正确认识近代中国思想解放留日的地位和作用，更让学生不能忘记历史。

第32题从古代雅典的人文思想根植于传统文化入题，说明其宗教神话具有朴素的人文思想。照应并间接渗透了社会主义核心价值观，达到了润物细无声的教育效果。

第33题从第一次工业革命的负面影响社会贫富差距进一步拉大入题，巧妙考了时空观念和历史解释两大素养，关注和照应当前改革过程中的民生热点。

第41题既着眼于思想发展史的进程与线索的考查，也着眼于特殊历史时期思想特征、原因和意义的考查，还对不同思想进行历史背景、内容和影响的对比考查。这种横向比较式的对比考查，全面考查了考生论证与阐述、探究与评价、整体性思维和发展性思维、多角度思考问题等高层次思维能力，是一道五大素养同时考查的典型题。

第42题，史论结合，较好地体现了家国情怀与世界意识。要求考生分析材料信息，确定选题角度。并根据选题角度拟出相应论题，如经济科技、思想文化、中外交往、中外思想文化发展、中国与西方之间侵略与反侵略的斗争、中国与西方对外关系等。然后，根据论题从表中提取相互关联的中外历史信息，如从中国与西方对外关系中可提取郑和下西洋和新航路开辟，从中外思想文化发展中可提取汤显祖和莎士比亚等，最后，根据提取的相互关联的中外历史信息，结合所学知识予以阐述，表述成文。本题往年是41题，2017年由于政治学科多了一道主观题而相应把题号往后推了一题。不管41题还是42题，本题始终是在往年开放的基础上继续开放，继续由过去的试题"给问题求论证"上升到由"考生自己找问题并论证"的阶段，学科素养考查得更加充分与淋漓尽致。

第47题考查，季札出访中原诸国，评诗乐、判政治、化蛮荒、重剑诺、拒王位等，都体现了儒家贤人的诚信与礼仪，并以儒家文化的传播者推动了中原文明在江南的扎根与认同。

## 二、采得百花成蜜后，甜养考生明真理

以2019年全国文综1卷为例分析立德树人路径。

2019年高考文综1卷历史题立德树人的路径分析可用"采得百花成蜜后，甜养考生明真理"来形容。历史高考试题有两大功能，一是显性的擢才功能，通过分数，把人才分为"九品"，具有鲜明的选拔性。二是隐性的滋养功能，让每个参加考试的学生都受到正能量和正确价值观的引领与滋养，立德树人，具有普慧性。如杨宁一教授所说："每一次考试都是一次再教育的过程。"2019年高考文综1卷历史题以立德树人为选才的立足点，建构了一幅育人美景、滋养图画，育人线路十分典型。既有护养健康人的"身强心顺"题，也有滋养社会人的"正直善良"题；既有正养国家人的"深情大爱"题，也有毓养世界人的"放眼全球"题。在显性选才中隐性育能养品，厚植与筑牢家国情怀之精神底座，为考生呈现了一片富养学生的育人肥沃土壤，帮助学生走好健康人、社会人、国家人、世界人的滋养之路，彰显考试育人在从小我到大我蜕变过程中的正向作用，具有鲜明的养育价值和教育意义。

### 1. 护养身强心顺的健康人

身强心顺是考生成为健康人、社会人、国家人、世界人的基石，是朝气蓬勃感知世界、焕发乐观精神、产生战胜一切艰难险阻意志的重要源泉。拥有身心健康并非拥有一切，但失去身心健康却会失去一切。它是我们终生必须携带的行李，行李越轻，人生旅程越长，当行李超重时，人生旅程就会越短。良好的身体能够忍受变故和困苦，良好心理能抵挡不良诱惑和烦忧。身心健康就是数字1，所有成就与辉煌都是它后面的零，只有1牢牢站稳了，后面的零才有意义。没有身心健康，其他成长成人都是无源之水、无本之木。今年高考的第26题呈现了唐代荆楚地区流行的拔河运动，"壮徒恒贾勇，拔拒抵长河"。巧妙切入当今社会的现实需要，让"阳光与力量受到推崇"，成功实现了现实问题的历史思考，直击时下流行的阴柔美和娘炮现象，在引导考生做一个身心健康人上发出了时代最强音，让考生进一步领悟身心健康是实现个人价值和追求幸福不可或缺的条件，也是学生将来为民族伟大复兴做出自己贡献的重要前提。

当然，在基本解决温饱的今天，不但身体健康重要，心理健康更不可缺

失。它包括良好的个性、良好的自我认知能力、良好的处世能力、良好的人际关系等。也许，今后的高考试题会在此处有所作为，仍会基于现实问题继续去寻找历史的思考。

### 2. 滋养正直善良的社会人

学生的成长过程实质上是他们的社会化过程，有三个主体目标不可缺失，一是成为合格守法的社会公民，二是做一个人品高尚的好人善良人，有正确的三观，三是对社会有力所能及的贡献。而高考是他们进一步融入社会、成为合格社会人的关键节点之一。热爱劳动、尊重劳动、劳动光荣、以劳动为美正是考生实现社会化的一条主要通道之一。劳动是社会中每个人不可避免的义务，劳动是一切知识的源泉，世界所有的美好均由劳动创造；快乐由劳动中来，苦厄亦在劳动中解决；教育其实在很大程度上就是劳动训练。劳动是人类存在的基础和手段，是人类生活、文化、幸福的基础，是产生一切力量、一切道德和一切幸福威力无比的源泉。

第34题从第一次工业革命期间生产领域的主要发明创造"源自劳动实践"的特点，从另一个视角折射出了劳动光荣的价值观引领，并映照了科技创新与工匠精神的时代主题。

第47题以全国劳模、院士刘源张的生平事迹为素材，通过概括刘源张对中国现代化建设的贡献，学习和滋养劳动模范的先进事迹，一是追求科学的执着精神，将西方先进质量管理科学引进中国，热爱祖国、报效国家。二是在理论与实践中奋发图强的精神。将质量管理运用到生产实践，倡导并推动建立严格的全面质量管理制度，产生良好经济效益，在国家质量发展规划等制定工作中发挥重要作用，丰富中国质量管理理论。缅怀先辈历史功绩，体现时代精神，激发学生的家国情怀。引导考生尊重劳动、尊重创造，让考生领悟劳动最崇高、劳动最伟大的正能量，激励他们在未来社会主义现代化建设中不畏艰苦、辛勤劳动。

### 3. 正养深情大爱的国家人

国家人以爱国主义与对祖国的深情大爱为基本要求，无条件热爱自己的骨肉同胞、大好河山、灿烂文化等。它的关键词是团结统一，爱好和平，勤劳勇敢，自强不息，天下兴亡，匹夫有责，维护统一，反对分裂，同仇敌忾，抗御外侮等。具有深情大爱的国家人是中华民族的光荣传统和崇高美德，也是中国各民族大团结的政治基础和道德基础。是中华民族继往开来的精神支柱，是维护祖国统一和民族团结的纽带，是实现中华民族伟大复兴的动力，是个人实现人生价值的力量源泉。国家人应有忠诚和热爱自己祖国的思想和感情。集中表现为民族自尊心和民族自信心，为保卫祖国和争取祖国的独立富强而献身的奋斗精神。把对祖国的热爱变成自己的行动，努力为祖国和人民的利益而学习工作。高中历史学科中的家国情怀就是要求学生做一个"对自己国家持有高度认同感和归属感、责任感和使命感"的人，有"为实现国家富强、人民幸福所展现出来的持久的理想追求"，有"对自己国家和民族乃至整个人类前途和命运所表现出来的深情大爱"。

爱国是人世间深层而持久的情感，是国家人的立德之源与立功之本。在中华民族觉醒的历史进程中，知识分子以"修身齐家治国平天下""为天地立心，为生民立命，为往圣继绝学，为万世开太平""先天下之忧而忧，后天下之乐而乐"为责任担当，在近代中国救亡图存中进行了一系列抗争，体现了他们浓浓的家国情怀、强烈的社会责任感。第28题以19世纪末20世纪初毗邻上海的川沙县部分名人的简历为切入点，在考查"传统社会结构受到冲击"的背后，是仁人志士勇于突破自我、向西方学习、实业救国的爱国主义精神。第30题是毛泽东基于当时中国共产党对中国社会的性质缺乏客观认识的现实，比较中俄两国革命差异，于1940年发表《新民主主义论》，科学总结了鸦片战争以后，特别是共产党成立以后中国革命的经验教训，深刻论述了中国民主革命发展的基本规律，第一次旗帜鲜明地提出了新民主主义的完整理论，描绘了新民主主义社会的蓝图，实现了马克思主义中国化的又一次飞跃，丰富和发展了马列主义有关民族和殖民地革命的理论，标志着毛泽东思想的成熟。试题蕴含了浓厚的立足国情与实际、努力探索中国特色革命道路的历史巨大贡献。

第42题材料节选自钱穆先生《国史大纲》里面的经典观点，呈现抗战期间钱穆提出自己对于国史的看法，强调对国史要抱有一种温情与敬意，不要对既往的历史进行全盘的否定，国家的进步系于国民对待寄望历史观念之进步。唯其如此，才能杜绝偏激的历史虚无主义、狂妄自大和推卸责任。在这里，考生要思考一个核心问题：钱穆为什么在抗日战争期间写《国史大纲》？他写这部史学巨著的与背景与目的是什么？出版后产生了什么作用？他为什么强调"对国史要抱有一种温情与敬意"？其时，日寇铁蹄践踏中国，国土沦丧，山河破碎，民族劫难。政府抗日节节败退，"逢日必败"颇有市场，民族自信心正在日渐丧失。当全民族正在艰难抗日时，知识分子也用他们特有的方式纸与笔进行"文化抗战"和"学术抗战"。他们攻守兼备，守住和保全中华文明的种子，如西南联大的成立，留下文明的生机；辅仁大学校长陈垣拒挂日本国旗、拒用日文课本、拒列日语为必修课，于困顿中守卫中华文化的尊严；拼制还我河山的字书，戏剧《屈原》的创作与巡演，从南京运来的近两万箱珍贵文物在战争与炮火硝烟中藏身于安顺、乐山、峨眉等地，坚忍等待国土光复等等。同时，知识分子还在学术领域展开反攻，重塑中华文化学术自信。如梁思成的《中国建筑史》，汤用彤的《汉魏两晋南北朝佛教史》，费孝通在英国出版《乡村经济》，华罗庚在苏联发表《堆垒素数论》，李约瑟总结并提出中华文明的四大发明震惊世界，童第周坚持科研用金鱼做生物实验等等。钱穆先生坚持用他自己撰写的《国史大纲》作为教材，使之成为学术抗战的精湛力作。在书中，他饱含忧患之情，试图唤起民众对国史的温情，对国魂的信念。此书出版后风行全国，凝聚了抗战人心士气。"楚虽三户，亡秦必楚"，文化在、国魂存、脊梁不垮，中华文明就不会衰败。正如他自己在《国史大纲》引论中所说的另一段话一样："国人值此创巨痛深之际，国人试一翻我先民五千年来惨淡创建之史迹，一棒一条痕，一掴一掌血，必有渊然而思，憬然而悟，愀然而悲，愤然而起。"当高考试题来重新关注《国史大纲》的时代背景时，我们依然在满腔悲愤、慷慨悲歌中勃发雄心，激发家国情怀，强烈抨击与反击时下涌动的历史虚无主义现象。

**4. 毓养放眼全球的世界人**

习近平总书记说："弘扬爱国主义精神，必须坚持立足民族又面向世界。中国的命运与世界的命运紧密相关。我们要把弘扬爱国主义精神与扩大对外开放结合进来，尊重各国的历史特点、文化传统，尊重各国人民选择的发展道路，善于从不同文明中寻求智慧、汲取营养，增强中华文明生机活力。"因此，毓养放眼全球的世界人，也是家国情怀的核心内容之一。它要求学生具有世界眼光和世界胸怀，关注人类前途命运，和谐相处并珍爱自然界的一切生命，了解世界发展趋势，理解各国优秀传统文化，尊重文明多样性，爱其所同，敬其所异等。具体来说是两个意识：一是国际意识。以开放的心态吸纳学习世界一切民族的优秀文化，具备融入世界的气度与眼光，成为中国的世界人和走向世界的中国人。二是全球意识。提升国际文化素养和参与国际竞争的勇气，培养有中国灵魂且能放眼全球的世界人。

今年高考试题之世界史部分，立足于了解世界历史发展的多元与特殊性，关注他人之国史、地方史、家庭史，理解、宽容和尊重世界各国、各民族的文化传统与文明特色，用他山之石攻自己的玉。这不但丰富了反哺滋养的内容，而且还有效增强了国际意识，拓宽了国际视野。如第32题古代雅典陪审法庭可以审查当时政治生活中的所有问题，彰显了影响近代民主制度的人民主权和主权在民两项重大政治原则。第46题二战北非战场阿拉曼战役的背景和意义，巧妙考查了大国合作与利益博弈，从不同的视角论证了人类命运共同体的必要性与不可替代性。

第33题是考美国独立后不到半个世纪，拉丁美洲经过独立战争，推翻了殖民统治，但拉美国家并没有像近邻美国那样独立后进入现代化的快车道，而是发展停滞，究其原因，殖民统治者难辞其咎。"难辞其咎"是指西方殖民者在拉丁美洲国家移植了本国生产方式，从而导致了拉美国家现代化发展的迟滞。事实上，拉美"迟滞"的原因是复杂多元的，主要有四个方面：一是独立后盛行的封建大地产制延缓了拉美经济发展，占主导地位的大地产者依然满足于庄园内部自给自足的落后经济形态。二是军事独裁统治考迪罗主义严重阻碍了经济的发展。三是频繁的战争让本就脆弱的经济发展雪上加霜。四是殖民者竞相角逐，基本上控制拉丁美洲的经济命脉，逼着拉美经济纳入资本主义世界市场体系。本道高考试题考查的就是这个知识点，试题有一个核心问题考生必须弄明白：是西方哪些殖民者向拉美国家移植了本国生产方式以致"难辞其咎"？近朱者赤，近墨者黑，难辞其咎者是输入本国生产方式的西班牙和葡萄牙。拉美独立后，多国考迪罗政权放任经济的自由发展，没有从自己的国情出发，建立起自己独立的民族工业体系，受制于人，单一的经济体制让拉美不可避免地成了人家的原料产地和商品市场。时下中美贸易战中的中兴与华为热点，让考生又一次在现实热点问题中反思历史教训，展望未来，且行且思考：自己强大才是真正的强大。

近代欧洲的起步与发展有两条不同的道路：一条是英国式发展道路。英国从大宪章运动肇始，以至光荣革命及后续一系列宪政民主建设与演变过程，都是在相对和平、妥协与渐进中完善的。自由主义思想有效保障了市场经济的独立性，私有财产保护与市场经济法律制度比较完善。而美国作为英国曾经的殖民地，依然受英国市场经济、自由思想、法律制度的影响，走出了一条具有美国特色建国与发展之路，如同殖民他的英国一样，也建立并不断完善了自己的法治与宪政民主政治，如保护市场交易的产权法律制度、现代金融制度、贸易制度、现代工业组织等。

另一条是西班牙、葡萄牙式发展道路。西葡两国的发展，实际上要早于英法美德等诸国。新航路开辟后，西班牙和葡萄牙较早建立了自己的殖民地，在美洲也获取了以白银为标志的巨额财富，是欧洲最早崛起的两大强国。但两大强国的王权也比较强大，现代民主、法治和宪政体制未能主宰两国历史的发展与进步，有效保护私有财产和市场运行的法律制度也没有建立和发挥作用。白银也只是河里的水，流经此地，一去不复返，变成了英国、荷兰、法国经济起飞的资本。当西葡两大强国在拉美地区建立起殖民地时，也就把自己的生产方式、法律制度、思想文化观念、传统社会制度、语言强行注入了当地。从此，拉美走上了一条与美国加拿大不同的发展道路。如此一来，英法兴，美加飞；西葡落后，拉美也随之落后。实际上，当时拉美的自然条件、经济发展条件还略优于美加两国。不同的殖民者，侵略输入的外来基因不同，后来的发展也就大相径庭。同时，拉美发展的滞后与殖民者输入的不同宗教也有一定关系，从英法荷德输入新教的美加两国的发展普遍优于从西葡输入天主教的拉美各国，个中的宗教原因主要是新教信仰重视与追求知识文化、普遍进行扫盲运动、提倡经济发展与世界市场；而这三个原因恰恰是天主教国家和其殖民地欠缺的。

2019年高考历史试题，立足于家国情怀与立德树人，以健康人—社会人—国家人—世界人为滋养路径，沿途处处开满了生机勃勃的鲜花，让人陶醉其间，流连忘返。今年高考试题之家国情怀育人路径给我们一个鲜明的启示：历史教学的圭臬是立德树人，滋养学生成长既是高考试题的正道、主道，更是中学历史教学的王道，中学历史教学历史教育既要养才子，更要养君子，它只有在帮助学生做好人和善人时才是最重要的。

## 三、对未来新粤卷的几点启示

第一，五年国卷的高考试题，全部以社会主义核心价值观实现立德树人，立德树人与素养立意追求已成为每年历史试题最鲜明的国家意志与特色。利用试题命制与检测考试从历史知识中挖掘出的价值观在怎样培养人上发挥自己不可替代的作用。

第二，由于立德树人已成为高考命题的不二选择，坚定的方向性和育人规范化也是今年高考试题的育人追求。立德树人所依托的中学历史教材教辅、教师、高考试题等因素在相互交融中给学生带来了一些不确定性，有可能会在史观与史学范式、史学观点与历史史实的采用上存在某些差异，进而令认知结构主体的学生留存了五种因子的相互影响：一是教材编者的立德树人，二是教辅资料的立德树人；三是中学教师的立德树人；四是学生自己基于历史解释中的内省式的立德树人；五是高考命题专家的立德树人。在以上五个方面的立德树人中，教材的立德树人最接近国家意志；教辅的立德树人往往为学生多元化认识历史问题提供新的视角；中学历史教师起着重要的桥梁作用，他们要整合前两者以及本人的立德树人，并预先设定与高考试题所要求的立德树人建立某种联系的可能性，让学生有备无患；作为学生本人，他们是立德树人的核心承载者和受滋养者，不但要了解教材、教辅、教师等三者的立德树人，还要形成自己对立德树人的理解和诠释，并在老师的帮助下把自己的这种立德树人与高考命题专家的立德树人尽量接近或趋同。这样一来，学生不仅可以在高考中拿高分，还能享受丰裕的精神大餐和滋养人生。

第三，五年国卷高考试题始终以立德树人，服务选拔，导向教学为宗旨，重点关注与考查了五大核心素养。考生如果要想在以素养为核心的考查中取得高分、获得养育，就必须牢牢掌握真实而完整的史实。因为史实是国家认可的或历史学术界公认的一些历史知识、历史结论、历史概念和历史理论及史学方法。它不同于碎片化的史料，具有系统性、完整性和深刻性。学生只有掌握了这样的好工具，素养养育才会高效达标。

未来新粤卷的高考试题因鲜明的立德树人主旨而颇受关注，无论高考试题还是学生应试，历史知识只有在帮助学生做善人好人时才是最重要的，"萃取必备知识的价值性"已成为高考命题五大追求中的核心追求，其价值引领与价值担当作用不可替代。立德树人已成为今后高考历史试题不可逆转的圭臬，是中学历史教学应该坚持的方向，也是未来高考历史新粤卷命题将会长期坚持的追求。

**参考文献**

［1］徐蓝.关于历史学科核心素养的几个问题［J］.课程教材教法，2017（10）25-34.

［2］刘庆礼.河北省文物保护中心藏红色文献概览［N］.文物鉴定与鉴赏，2014-10-26.

［3］王子墨."学术抗战"的守与攻［N］.光明日报，2015-08-12.

［4］2015年12月30日，习近平主持中共中央政治局第二十九次集体学习时的讲话。

［5］毛经文.落红不是无情物化作春泥更护花——基于"历史解释"评析2018年高考文综1卷历史题［J］.历史教学，2018（9）.

# 热点问题在时政中切入长效

　　五年全国卷高考文综历史试题非常重视对热点问题的考查，以社会主义核心价值观这个大热点为核心，运用直接或间接、显性或隐性的方式进行考查，以引导考生关注社会、人类、环境、民情，体现学以致用，培养考生的使命感和社会责任感，凸显历史学科的价值引领、价值担当、人文情怀与养育功能。历史之所以总是被称为当代史，其魅力就在于昨天总是在不断与今天对话，不断与现实生活密切关联。从近五年高考全国卷命题的追求来分析，热点又分为时政热点和长效热点，高考命题往往是"从时政热点入手，巧妙介入长效热点"，时政热点成了高考考长效热点的切入点，不但增强了考生对历史的洞察力和对现实的使命感，而且还有利于立德树人根本任务的高效达成。

## 一、历史学科评价视角中的长效热点与时政热点

　　五年高考试题中所涉及的长效热点，早在姜钢的文章中就有了明确提示："历史可考查学生的唯物史观，通过古今中外对比，指引学生感悟中华文明的历史价值和现实意义，增强爱国主义情感，认识世界历史发展的总体趋势。""历史科可以从历史和世界的角度，考查我国法律的历史发展变化，以及法律在世界各国的重要作用、意义和影响，通过对比，凸显我国社会主义法治的优越性，提升学生对我国宪法的认同感，实现对青少年热爱宪法、保护宪法、自觉遵循宪法的法治教育作用。""考查中国优秀传统文化，不是要简简单单地考查死记硬背的知识，而是要遵循继承、弘扬、创新的发展路径，注重传统文化在现实中的创造性转化和创新性发展，从而实现考试的社会意义和现实目的。"那些体现历史发展趋势、紧追时代步伐、把握时代脉搏，以其强

盛的生命力和鲜明的现实感召力的历史主干知识，即是长效热点。这些长效热点往往是高考命题专家青睐的对象。如社会主义核心价值观、中华优秀传统文化、革命传统、国家主权、海洋意识、爱国主义、法治、民族团结、历史上的民本和民生、改革开放问题、"三农"问题、和平发展问题、和谐社会问题、民主法制建设问题、祖国统一与两岸和平发展问题、国际关系中的大国崛起问题、中外历史上的政党问题、中外历史上的政治民主化和法制化进程问题、经济危机与全球化问题、近代化（现代化）问题、区域经济建设问题、制度创新问题、社会改革问题、民主共和问题、理性爱国问题、生态文明问题、社会保障问题、民族团结问题、和平与发展问题、建立有效政府问题、建立以追求公平和效率为目的的社会主义市场经济问题等等。

时政热点包括两个方面。

一是本年度或前一年发生的一些重大事件能引起"现实问题的历史思考"。以2017年为例，国际国内的时政热点有："神十一"成功发射、科技创新与工业革命、习洪会谈（北伐、抗战）、国共合作与国家统一、孙中山诞辰150周年、思想解放国共合作、美国总统大选、雅典民主与罗马法制、美国1787宪法（两党制、少数服从多数原则、男女平等原则）、日本等西方国所谓不承认中国市场经济的贸易保护主义、美国拒绝中国高铁（相当于英国在第二次工业革命中不愿淘汰蒸汽机所带来的不良影响，这是历史的教训，美国正在重复英国的道路）、一带一路等。具体的时政热点见以下收录材料。

1. 中共中央总书记习近平11月1日在北京会见了洪秀柱主席率领的中国国民党大陆访问团。习近平强调，两岸是割舍不断的命运共同体。坚持体现一个中国原则的"九二共识"政治基础，维护台海和平稳定，维护两岸关系和平发展，是两岸同胞的民意主流。确保国家完整不被分裂，维护中华民族根本利益，是全体中华儿女共同意志。

2. 习近平11月1日主持召开中央全面深化改革领导小组第二十九次会议并发表重要讲话。他强调，要全面贯彻党的十八届六中全会精神，牢固树立政治意识、大局意识、核心意识、看齐意识，坚定不移抓好各项重大改革举措，既抓重要领域、重要任务、重要试点，又抓关键主体、关键环节、关键节点，以重点带动全局，把各项改革任务落到实处。

3. 11月3日20时43分，我国最大推力新一代运载火箭长征五号，在中国文昌航天发射场点火升空，约30分钟后，载荷组合体与火箭成功分离，进入预定轨道，长征五号运载火箭首次发射任务取得圆满成功。此次发射成功，标志着我国运载火箭实现升级换代，运载能力进入国际先进行列，是由航天大国迈向航天强国的关键一步。

4. 国家主席习近平11月3日在钓鱼台国宾馆会见马来西亚总理纳吉布。习近平指出，中马是隔海相望的近邻。两国建交42年来双边关系得以长足发展，得益于双方坚持相互尊重、彼此信任的相处之道，坚持平等互利、互助共赢的合作方针，坚持密切沟通、互谅互让的合作方式。深化中马睦邻友好合作符合双方根本和长远利益。中方愿同马方一道努力，不断充实两国全面战略伙伴关系内涵，深化各领域务实合作，更好造福两国人民。

5. 联合国气候大会组委会11月4日在摩洛哥城市马拉喀什发布新闻公报，庆祝《巴黎协定》生效，强调这是人类历史上一个值得庆祝的日子，也是一个正视现实和面向未来的时刻，需要全世界坚定信念，完成使命。

6. 李克强11月5日在里加出席第六届中国—中东欧国家经贸论坛并发表主旨演讲。李克强表示，5年来，"16+1合作"日趋成熟，积累了值得长期坚持的宝贵经验。一要平等协商、互尊互助；二要互利互惠、合作共赢；三要开放包容、携手同行；四要联动发展、共创共享。

7. 11月1日7时，三峡水库水位达到175.0米、蓄水量393亿立方米，标志着2016年三峡水库试验性蓄水任务顺利完成，这也是三峡水库自2010年以来连续7年圆满实现175米试验性蓄水目标，为三峡工程全面发挥防洪、供水、发电、航运、生态等综合效益奠定了坚实基础。

8. 当地时间11月9日凌晨，美国总统选举初步结果揭晓，共和党总统候选人唐纳德·特朗普获得超过270张选举人票，战胜民主党总统候选人、前国务卿希拉里·克林顿，当选美国第五十八届总统。

9. 中央军委后勤工作会议11月9日至10日在京举行。习近平在会议上发表重要讲话强调，要以党在新形势下的强军目标为引领，坚持政治建军、改革强军、依法治军，聚焦保障打赢，加快转型重塑，发扬后勤光荣传统和优良作风，努力建设强大的现代化后勤，为实现中国梦强军梦提供有力保障。

10. 由中国国家旅游局、中国民用航空局和上海市人民政府共同主办的2016中国国际旅游交易会日前在上海新国际博览中心开幕，中国已连续4年成为世界第一大出境旅游消费国，对全球旅游收入贡献平均超过13%。

11. 俄罗斯总统普京11月16日签署命令，宣布退出设在荷兰海牙的国际刑事法院。

12. 第三届世界互联网大会11月16日上午在浙江省乌镇开幕。国家主席习近平在开幕式上通过视频发表讲话指出，互联网是我们这个时代最具发展活力的领域。互联网发展是无国界、无边界的，利用好、发展好、治理好互联网必须深化网络空间国际合作，携手构建网络空间命运共同体。习近平强调，"君子务本，本立而道生。"中国愿同国际社会一道，坚持以人类共同福祉为根本，坚持网络主权理念，推动全球互联网治理朝着更加公正合理的方向迈进，推动网络空间实现平等尊重、创新发展、开放共享、安全有序的目标。

13. 中国11月17日首次获得国际高性能计算应用领域最高奖——戈登贝尔奖。

14. 11月20日是第二十七个联合国儿童权利日。日前，联合国《儿童权利公约》27周年纪念暨《儿童公益组织行为准则指南》倡导活动在京举行。该活动是由国际救助儿童会、北京市社会组织发展服务中心、北京市协作者社会工作发展中心和北京博源拓智儿童公益发展中心联合开展。

15. 11月20日，亚太经合组织第二十四次领导人非正式会议在秘鲁利马举行。国家主席习近平出席并发表题为《面向未来开拓进取促进亚太发展繁荣》的重要讲话。

16. 古巴革命领袖菲德尔·卡斯特罗11月25日逝世，享年90岁。世界各大媒体立即进行重点报道，多国政要和国际机构负责人纷纷对卡斯特罗逝世表示哀悼，对这位古巴革命领袖的功绩作出高度评价，并向古巴政府和人民致以深切慰问。

17. 国家统计局11月27日发布的工业企业财务数据显示，1—10月份，规模以上工业企业利润同比增长8.6%，增速比1—9月份加快0.2个百分点。其中，10月份利润同比增长9.8%，增速比9月份加快2.1个百分点。工业利润增长保持了稳中有升的态势。

18. 泰国立法议会11月29日举行特别会议，正式宣布启动王位继承程序，确认哇集拉隆功王储继承王位，成为泰国新国王。

19. 12月22日，在位于莫斯科的俄罗斯外交部，俄罗斯总统普京在追悼仪式上慰问卡尔洛夫的遗孀玛丽娜。

20. 俄罗斯总统新闻秘书德米特里·佩斯科夫近日说，俄罗斯与美国间沟通渠道几乎全部"冻结"，不过这一说法随即遭美国国务院否认。

21. 22日，日本政府在内阁会议上通过2017年度预算案。其中引人注目的是，防卫预算再创新高，达到5.125万亿日元（约合人民币3020亿元）。自2012年安倍晋三再次出任首相以来，日本防卫预算已经五连涨。"防范中国"几乎是所有媒体都强调的关键词。

22. 12月22日，叙利亚军方发表声明，宣布北部城市阿勒颇内剩余的反政府武装人员已全部撤出，叙政府军完全收复阿勒颇市。

23. 2月4日电，经李克强总理签批，国务院日前印发《全国国土规划纲要（2016—2030年）》（以下简称《纲要》）。这是我国首个国土空间开发与保护的战略性、综合性、基础性规划，对涉及国土空间开发、保护、整治的各类活动具有指导和管控作用。

24. 2月8日，来自中国、美国、法国、意大利、挪威、日本、印度等国家的33名科学家在香港的招商局码头登上美国"决心"号大洋钻探船，即将奔赴南海执行国际大洋发现计划（IODP）第367航次任务，探寻地球海陆变迁之谜。这也标志着我国科学家主导的第三次南海大洋钻探正式拉开序幕。

25. 2月8日从国家工商总局获悉：2016年我国商标申请量达369.1万件，已连续15年位居世界第一，国内商标申请量排前5位的省份分别为广东、北京、浙江、上海、江苏。此外，国内有效注册量排前5位的省份依次为广东、浙江、北京、江苏、上海。其中广东省有效商标注册量首次突破200万件。

26. 2月10日，国家主席习近平同美国总统特朗普通电话，习近平祝贺特朗普正式就任美国总统，感谢特朗普2月8日来信就元宵节和中国农历鸡年向中国人民致以节日祝福，对特朗普表示愿意努力拓展中美合作、发展惠及中美两国和国际社会的建设性双边关系表示高度赞赏。特朗普强调，我充分理解美国政府奉行一个中国政策的高度重要性。美国政府坚持奉行一个中国政策。

27. 近日，国务院正式批复《北部湾城市群发展规划》。《规划》强调，优良的生态环境是北部湾城市群发展的核心竞争力，必须把保住一泓清水作为不可突破的底线和红线，坚持陆海联动、生态共建、环境共治，建设好蓝色生态湾区。

28. 慕尼黑安全会议基金会2月13日发表年度报告，指出国际安全环境面临二战以来最脆弱的时刻，世界有可能正在迈向后西方时代。西方主导的世界秩序正走向终结，非西方国家开始建构世界事务，与1945年以来的国际秩序形成一种平行甚至有时不利的新框架。慕尼黑安全会议主席伊申格尔说，西方秩序从根本上被动摇了。

29. 2月15日，印度空间研究组织在印度安得拉邦斯里赫里戈达岛上的萨蒂什·达万航天中心成功发射"1箭104星"，在飞行约28分钟后将所有104颗卫星送入太阳同步轨道。本次发射打破了此前由俄罗斯保持的"1箭37星"的世界纪录。

30. 2月15日，满载287名旅客的MF849航班从福州机场起飞，标志着厦航正式开通福州至纽约的航线，这是福建省首条直飞美国的洲际航线。福州成为继北京、上海、广州后又一个开通直飞纽约航线的中国内地城市。

31. 外交部发言人耿爽2月16日在例行记者会上说，根据中韩双方达成的共识，韩方将于3月22日向中方再次移交一批20余具在韩中国人民志愿军烈士遗骸及相关遗物。

32. 2016年，我国实现全年社会消费品零售总额达到33.2万亿元，同比增长10.4%，最终消费对经济增长的贡献率为64.6%。至此，消费连续3年成为我国经济增长的第一驱动力。

33. 《2016中国家电网购分析报告》显示，2016年，我国B2C（商家直接向消费者销售）家电网购市场规模达到3846亿元，同比增长27.9%，其中不包括移动终端在内的家电线上市场规模为1796亿元，增幅高达35.3%。

34. 教育部印发《关于做好2017年义务教育招生入学工作的通知》，要求2017年19个副省级以上重点大城市各区（县）要实现100%的小学、95%的初中划片就近入学，每所初中95%以上的生源由就近入学方式确定。

35. 世界贸易组织总干事阿泽维多2月22日宣布，《贸易便利化协定》议定书已得到该组织超过2/3成员核准，正式生效。这项多边协定被认为是多哈回合谈判启动以来取得的最重要突破，对世界经济具有重要意义，预计该协定到2030年将推动全球经济额外增长0.5%。倡导开放型世界经济的中国，在这一协定谈判过程中付出的努力以及起到的关键作用，赢得广泛赞誉。

36. 2017年金砖国家协调人第一次会议2月23日在江苏省南京市开幕。国务委员杨洁篪出席开幕式并讲话。金砖国家协调人、副协调人、驻华使节及新开发银行代表等与会。杨洁篪指出，中国将于2017年9月3日至5日在福建省厦门市主办金砖国家领导人第九次会晤。国家主席习近平高度重视，期待同金砖国家领导人一道，共同推动会晤取得圆满成功。

37. 2月24日，作为国家鲸豚繁育计划的重要组成部分，中国首个"虎鲸繁育基地"在珠海横琴长隆海洋王国正式启用。

38. 近日，国务院正式批复《北部湾城市群发展规划》。规划对北部湾城市群的总定位是：建设面向东盟、服务"三南"（西南中南华南）、宜居宜业的蓝色海湾城市群。北部湾城市群指的是粤桂琼三省（区）的22座城市，其中包括广西南宁、北海、钦州、防城港、玉林、崇左。而这6个城市，正好组成"4+2"的广西北部湾经济区。

39. 2月26日晚，第八十九届奥斯卡金像奖颁奖典礼在美国洛杉矶杜比剧院举行，24个奖项一一揭晓。今年呼声最高的歌舞喜剧片《爱乐之城》一举夺得14项入围奖项中的6项，成为最大赢家。反映贫民区非洲裔男孩成长题材的小成本电影《月光男孩》赢得年度最佳影片。

40. 2月27日，韩国部署"萨德"反导系统的进程再向前迈出危险一步——韩国国防部确认，乐天集团当天召开董事会会议批准同韩军方"萨德"系统部署土地置换协议。对此，中国外交部第一时间表示坚决反对和强烈不满，强调中方反对在韩部署"萨德"系统的意志是坚定的，将坚决采取必要措施维护自身安全利益，由此产生的一切后果由美韩承担。

二是某个重大历史事件在本年度或前一年是周年中的"5或10"，能引起"历史问题的现实思考"。2017年周年纪念的时政热点有：

**中国史**

1. 1661年，郑成功率军驱逐荷兰殖民者，收复台湾，1662年，台湾回到祖国怀抱。（台湾问题和祖国统一）（355周年）

2. 1762年乾隆设伊犁将军，"总统新疆南北两路事务"。（255周年）

3. 1842年《南京条约》签订，中国开始沦为半殖民地半封建社会。（175周年）

4. 1862年，洋务派创办的第一所新式学堂——（京师）同文馆成立。（145周年）

5. 1912年元旦，中华民国南京临时政府成立；2月12日宣统帝退位，清朝覆灭；3月11日公布实施《中华民国临时约法》。（105周年）

6. 1917年胡适发表《文学改良刍议》。（100周年）

7. 1927年国民政府从广州迁到武汉、四一二反革命政变爆发、南京国民政府建立、南昌起义爆发、秋收起义爆发、井冈山革命根据地建立。（90周年）

8. 1937年七七事变爆发、南京大屠杀。（80周年）

9. 1947年国民党进攻陕甘宁解放区、刘邓大军挺进大别山。（70周年）

10. 1952年底土地改革完成，并完成国民经济恢复，为国家开展有计划的经济建设创造了条件。（65周年）

11. 1957年"一五"计划完成、武汉长江大桥建成。（60周年）

12. 1972年2月尼克松访华，在上海签署《中美联合公报》，中美两国结束了二十多年的对抗，两国关系开始走向正常化；1972年秋，日本首相田中角荣访华——中日建交。（45周年）

13. 1977年高考恢复。（40周年）

14. 1982年，英国首相撒切尔夫人访问中国，邓小平提出用"一个国家，两种制度"的方案解决香港问题，强调："关于主权问题，中国在这个问题上没有回旋余地。"双方同意通过外交途径商谈解决香港问题。（35周年）

世界史

1. 1487年迪亚士发现好望角。（530周年）

2. 1492年在西班牙王室支持下，哥伦布首航美洲，发现"新大陆"。（525周年）

3. 1497年达·迦马到达印度。（520周年）

4. 1522年在西班牙王室支持下的麦哲伦船队返回欧洲，完成环球航行（495周年）

5. 1642年，英国查理一世宣布讨伐议会，挑起内战。（375周年）

6. 1777年萨拉托加大捷（240周年）

7. 1787年美国宪法颁布。（230周年）

8. 1792年，法国国民公会决定废除君主制度，成立共和国。（225周年）

9. 1807年世界上第一艘轮船问世。（210周年）

10. 1862年美国内战期间，林肯先后颁布了《宅地法》和《解放黑人奴隶宣言》。（155周年）

11. 1882年，德国 奥匈帝国 意大利三国同盟形成。（135周年）

12. 1892年，法俄同盟形成。针对德国，欧洲开始出现两大军事集团对峙的局面，到1907年，英法俄三国协约建立，欧洲两大军事集团最终形成。（125周年）

13. 1921年到1922年初，九国召开华盛顿会议，确立华盛顿体系。（95周年）

14. 1922年底苏联诞生。（95周年）

15. 1937年苏联两个五年计划完成；毕加索《格尔尼卡》的创作。（80周年）

16. 1942年1月中美英苏等26国签署《联合国家宣言》，世界反法西斯同盟正式形成。（75周年）

17. 1942年7月到1943年2月，苏德战场斯大林格勒战役，成为苏德战场和世界反法西斯战争的转折。（75周年）

18. 1947年印巴分治、印度独立。（70周年）

19. 杜鲁门主义出台、冷战开始。（70周年）

20. 1962年古巴导弹危机，是"冷战"最激烈的一种表现。（55周年）

21. 1992年2月7日，欧共体12国签署《欧洲联盟条约》。（25周年）

**高考命题重点参考的年度学术热点**

1. 周代政治文化。

2. 世俗文化。

3. 儒学的发展。

4. 从历史地理学角度看城市化。

5. 明清政治史。

6. 抗日战争史。

7. 世界史学科发展的新思考。

8. 古代文明起源和国家起源的研究。

9. 历史知识社会化与通俗史学。

10. 马克思主义史学的历史命运。

11. 中国社会形态问题的讨论。

12. 关于20世纪中国史学的反思与总结。

13. 21世纪中国史学发展方向的思考……

## 二、五年高考时政热点是如何隐性介入长效热点的

五年高考国卷在创设题目意境和社会背景材料的基础上，始终强调考查社会热点与主干知识的有机结合，巧妙地让时政热点隐性介入长效热点。其隐性介入的形式有六种。

### 1. 寻古式隐性介入

寻古式隐性介入或是纵向隐性介入热点专题的相关的历史史实，即历史问题的现实思考，突出对重要史实认识的现实性，以历史的眼光和现实问题意识来解读有关历史知识，注重历史发展的特点在现实问题中的体现；或是现实问题的历史思考，即注意对重大现实问题进行历史分析，不断关注现实问题，关注时事热点，努力寻找其历史联系，发挥历史学科的社会现实功能，充分挖掘历史与现实的隐性联系，以史为鉴。前者如第24题儒家思想的考查，就体现了传承中华优秀传统文化这一现实热点。这一热点在2015年已经考查的基础上，2016年进一步强化了学生对中华民族历史传统、文化积淀的认识，增强民族自豪感与自信心，以儒家思想的现实意义应对失落的现代文明——道德滑坡问题。后者如第40题"人口问题"就是典型的现实问题的历史思考，让古今遥相呼应，为当前社会开放二胎、人口老龄化这一现实热点提供历史借鉴，具有鲜明的时代性与开放性。又如2015年8月第22届国际历史科学大会在山东济南召开，大会有四大主题，其中主题之首是全球视野下的中国，这是国际历史科学大会115年来首次走进亚洲并且在中国举办，对中国史学界具有标志性意义，是个时政大热点。而第28题考查中国近代人们的日常生活与世界市场联系日趋密切，既是一道典型的"全球化视野下的中国"题，也是一道典型的"现实热点

问题的历史思考"题。除此之外，第45题考查唐太宗谱牒改革，也是与当前社会上的"修家谱热潮"遥相呼应。

2017年的第24、25、26、46题同时都考了维护国家统一问题。这是典型的现实问题的历史思考，古今遥相呼应，为当前国家统一的现实热点提供历史借鉴，具有鲜明的价值导向性、价值担当性、时代性与开放性，让爱国主义思想通过高考试题教育无痕、养育无声。第34题从美苏两极对峙格局形成，美国等国对苏联的遏制政策未能阻止苏联经济发展入题，隐性考查了十月革命爆发一百周年，第35题从7国到20国集团合作冲击旧的世界经济秩序入题，隐含"一带一路"共谋发展热点。两题都是典型的历史问题的现实思考。

2017年的第24题对我们还有另外一个启示：冷点一遇时机合适就立马反转成热点。古代中国早期的政治制度：西周的分封制、宗法制、礼乐制等，是典型的主干知识。但这一主干知识点在高考命题中出现了冷热不一。前几年全国高考卷与广东卷都热衷于考宗法制，而分封制与礼乐制却成了高考冷点。2017年高考的第24题，让分封制这个冷点一跃成为热点，让冷点走出深闺，发热于天下。当然，从某种意义上来说，2017年的第24题是2014年新课标全国卷Ⅱ第24题的"翻版"，当年的这道题的答案是"周代分封制下，各封国贵族按'周礼'行事，学说统一的'雅言'，促进了各地文化的整合"。这都是在考西周分封制的作用。至于2017年这道题的答案与材料之间缺乏充分的逻辑关联，因太小，果太大，因果关系与史学逻辑是一份材料说了几分话，用"推动了"不如用"有利于"或"对文化交流与文化认同有一定的推动作用"。这是另外一个问题了。冷点反转发热启示我们：礼乐制也是历史学习过程中不可忽视的主干知识，也要防止它冷点反转成热点。虽然课标没有把礼乐制作为主干知识点，但每年高考考标都有意淡化和模糊课标对礼乐制的忽视，其实就是为礼乐制将来反转成热点提前做好了准备。

2018年高考题突出了对"国史、党史、社会主义发展史、改革开放史"的考查，与上述有关的试题占6道，6道试题基本上涵盖了从中国共产党的指导思想、成立、发展壮大、夺取政权、经济建设和民主政治建设的长时段过程，用6道题来关注为中华民族伟大复兴而进行持续不断努力的中国共产党党史，这在高考命题史中尚属首次。这充分体现了命题者所坚持的方向性与立德树人立场，突显历史学科的价值引领、价值担当、人文情怀与养育功能。第29题考查中共成立时的思想状况，第30题考查夺取政权时的外交政策，第31题考查社会主义建设时期的经济方针，第33题考查中国共产党的指导思想马克思主义的诞生与运用于工人运动，第41题考查改革开放深入时期的农村基层民主建设。第46题考查中共对二战性质的认识。

2018年高考试题所涉及的时政热点包括两个方面：其一是高三学年发生的、能引起"现实问题的历史思考"的重大事件。第24题聚焦科教兴国，第26题体现工匠精神，第29题和第33题呈现理论创新等。其二是某个重大历史事件在本年度是周年中的"5或10"，能引起"历史问题的现实思考"。如公元前638年梭伦诞生、公元前468年墨子诞生、公元前87年汉武帝去世、公元763年平定安史之乱、郑和公元1433年第七次下西洋、公元1788年华盛顿首次当选总统并于1789年正式上任、公元1818年马克思诞生、公元1848年马克思主义诞生、公元1933年罗斯福入主白宫、公元1953年我国"一五"计划实施、公元1998年中华人民共和国村民委员会组织法颁布，等等。

**2. 同质式隐性介入**

同质式隐性介入就是一个国家或地区的热点专题通过另一个国家或地区相同性质或近似的历史事件来实现隐性介入。或者在同一套试题中，中外历史互相呼应。

2016年第26、27题考查了中国古代宋、明时期的政治制度，第32、33题考查了古代罗马和近代英国的民主法制建设，这四道题是中外历史互相呼应的典型题。它们集中考查了政治制度的创新与新时期民主法制建设，以史为鉴，隐性传递和间接渗透依法治国理念。教育无痕，养育无声。

2017年的高考试题有：认同和维护祖国统一，反对分裂。统一始终是中国历史发展的主流，是符合各族人民共同利益的，是国家不容动摇的最高利益，也是不容许任何人或任何机构组织去触碰的原则底线。历代封建王朝与政府都采取了一系列措施来维护国家统一，坚决打击分裂国家势力。统一这个长效热点在每年的高考试题中都有较多体现。第24题通过考查西周推行分封制的作用，明线考的是强调了文化交流与文化认同，隐性考查与培养的却是强化并巩固了国家统一意识，这也是周政权能够长久存在的一个重要原因。第25题通过西汉朝廷直接管辖的郡级政区变化，考查政府打击边疆侵扰势力，维护国家统一的坚强决心；第26题通过不同史书对秦王李世民战薛举的记载，直接考查的虽然是史学方法，但隐性考查的史实却是唐初的大统一与不可逆转；第46题通过中美英三国同时发表《开罗宣言》，重新向全世界庄严宣告：台湾属于中国，台湾是中国领土不可分割的组成部分。这是对"台独"分子和分裂国家势力的有力回击。

### 3. 提前式隐性介入

为了广大考生有一个公平的竞争环境，高考命题往往会想尽各种办法进行反猜题，防止应考师生对当年的时政热点一哄而上，把明年或后年的时政热点提前到本年来考。如2017年将是欧共体成立50周年纪念年，2017年的欧洲联合这个时政热点却提前在2016年的第35题出现，即马歇尔计划有利于煤钢联营的建立，以此来提前纪念下一年度的时政热点，让热点提前发热。

2017年的高考试题有：2019年是20国集团成立20周年纪念年，国际经济合作论坛二十国集团这个时政热点却提前在2017年的第35题出现，即世界格局的变化冲击旧的世界经济秩序，让2017年后的时政热点提前发热。第41题考1789年发生的法国资产阶级革命也是如此。不过，2017年试题中的热点提前考相对于去年来说有弱化的趋势，这可能与2017年的高考命题从时间节点走向长时段与大时代命题有较大的关系。

### 4. 延后式隐性介入

同样原因，当年的时政热点为避免猜题而成了冷点问题，但过了一年后，它们很容易摇身一变重新成为热点。如第40题"人口问题"也是2015年放开二胎的热点，却在2016年华丽登场。2015年，是甲午战争和《马关条约》120周年，当年没有直接考这一时政热点；2016年的第29题以评价洋务运动的积极作用让这一热点发挥了"余热"。2017高考试题继续让这一热点持续"高烧不退"，如第28题考洋务运动中开平煤矿涉及民族企业信心问题，第29题考赴日本留学潮问题。又如纪念抗日战争胜利及世界反法西斯战争胜利70周年这一热点，本身是2015年的时政热点，当年没有直接考它；而是在2016年的高考试题第30题抗日战争中以"国民党力图维护一党专政的局面"形式出现。2017年又继续在第30题与"十四年抗战"、全面抗战80周年这几个热点共同涉及中共抗战的贡献问题，让长效热点继续与新热点共同发热。

5. 三角式隐性介入和外应式隐性介入

三角式隐性介入就是历史科的热点通过政治学科或地理学科体现，地理学科热点通过政治学科或历史学科体现，政治学科热点通过历史学科或地理学科体现，三科相互对应，既互为犄角，又互相融合，形成三角式隐性介入。这就是我们常常所说的多科自然融合的上乘境界。

外应式隐性介入历史科的热点专题在语数外理化生及大综合试题中出现，我们把这种方式称之为外应式隐性介入。这种隐性介入既可以是语数外理化生介入政史地，也可以是政史地介入语数外理化生，拉大学科跨度，有利于拓宽学生思维，对学生综合能力的考查更加突出，应该是未来高考不分文理科的命题大趋势。这在全国高考试题中还没有出现过，估计是未来高考命题的走向与追求。

## 三、未来新粤卷历史试题依然会重点关注热点

广东省未来自主命制高考历史题，依然会非常重视对热点问题的考查。新粤卷高考命题仍然是"从时政热点入手，巧妙介入长效热点"。他们仍然会重点关注社会主义核心价值观（富强、民主、文明、和谐、自由、平等、公正、法治、爱国、敬业、诚信、友善）、改革开放及反腐败等相关的历史知识、群众路线教育实践活动及相关的历史、市场经济及相关历史知识、中国梦及相关历史知识、思想解放及相关历史知识、工业化负面影响及其相关历史知识、土地流转及相关历史知识、边疆治理及相关历史知识、雾霾天气及其治理并由此引发的工业化进程的反思、养老问题以及由此涉及的相关历史知识、道德建设以及由此涉及的相关历史知识、民营企业以及由此涉及的相关历史知识、教育改革以及由此涉及的相关历史知识、城镇化道路以及由此涉及的相关历史知识、国际关系的发展等。在政治方面：香港回归、南京国民政府、统一问题、十月革命、三大起义、井冈山根据地、长征、军事问题、革命道路探索、三大改造与"一五"计划问题、中共八大、社会主义建设道路探索、二月革命、美国宪法、联邦制与制衡、东盟成立、区域集团化等。在经济史方面有：社会主义建设道路探索、达·伽马开辟新航路、世界市场问题、苏联社会主义建立、

欧共体、关贸总协定等。在文化史方面有：宗教改革、思想解放或社会变革等。综合起来即是：倡导三农问题，强化立国之路；倡导社会改革，关注社会转型；倡导科技创新，主动融入全球化；倡导思想解放，彰显社会进步；倡导生态文明，立足持续发展；倡导民族团结，维护国家统一；倡导关注民生，实现社会和谐；倡导和平与发展，尊重多元文明；倡导民主政治，建立有效政府；倡导建立公平高效的市场经济体制等。此类命题仍旧会以社会主义核心价值观这个大热点为核心。2021年与2022年，广东省高考历史学科自主命题，估计还会重点关注以下五大时政热点和五大长效热点。

2021年和2022年高考可能重点关注的五大时政热点。

**1. 马克思主义经典作家的理论贡献及当代价值**

2020年是恩格斯诞辰200周年和列宁诞辰150周年。恩格斯和列宁的思想历程、革命实践、对马克思主义理论的独特贡献等将是高考命题的重点。一是恩格斯、列宁在马克思主义发展史上的重要地位，尤其是在马克思主义理论体系形成和世界社会主义革命运动实践中的突出贡献。二是恩格斯对马克思主义哲学、政治经济学、科学社会主义的重大贡献，列宁把马克思、恩格斯创立的科学理论体系推进到新阶段，进行了重大理论创新，形成了列宁主义。三是深入挖掘阐释恩格斯、列宁思想理论的当代价值。如恩格斯的自然辩证法思想、党建思想、工人阶级理论。又如列宁的帝国主义理论、社会主义建设思想、党内民主建设思想等。四是总体评价恩格斯与马克思在思想理论上的密切联系，从学理上反驳"马恩对立论"等错误观点。五是在新冠肺炎疫情全球大流行和世界百年未有之大变局深刻交织，不稳定不确定因素越来越多的背景下，通过探讨列宁"国家与革命"以及"社会主义观"等思想，让考生思考与建言我国所面临的历史机遇和挑战。

**2. 民法典**

2020年，《中华人民共和国民法典》审议通过，这是新中国成立以来第一部以"法典"命名的法律，是在总结改革开放以来我国民事立法经验、司法实践成果和理论学说的基础上形成的新时代社会主义法治建设重大成果，在中国特色社会主义法律体系中具有重要地位，是一部固根本、稳预期、利长远的基础性法律。民法典是一部体现我国社会主义性质、符合人民利益和愿望、顺应时代发展要求的民法典，是一部体现对生命健康、财产安全、交易便利、生活幸福、人格尊严等各方面权利平等保护的民法典，是一部具有鲜明中国特色、实践特色、时代特色的民法典。高考命题重点可能集中在通过现实中的热点问题进行历史思考与借鉴。如民法典汲取了中华民族五千年优秀法律文化，借鉴了人类法治文明建设有益成果，新中国成立70多年来民事法律规范长期实践历程。

### 3. 重大突发公共卫生事件的历史借鉴

2020年初暴发的，至今仍在肆虐的新冠肺炎疫情，是百年一遇的健康危机，是联合国成立以来人类社会面临的最大考验，其影响将持续几十年。人类终将战胜疫情，但重大公共卫生突发事件对人类来说不会是最后一次。以疫情防控为切入点，2021年高考有可能围绕疫情防控与国家治理、疫情影响下的世界格局变革、后疫情时代的全球治理体系重构、中国方案与中国经验、重大公共卫生事件的治理制度、治理能力、治理路径、治理体系、协同平台等，寻找历史借鉴与历史思考。如"历史上的十五次大瘟疫""口罩的历史""1910东北大瘟疫""中世纪欧洲黑死病"等。

### 4. 张载思想的现代价值

2020年是张载诞辰1000周年，张载是宋代理学的开创者，其提出的"为天地立心，为生民立命，为往圣继绝学，为万世开太平"，不仅体现了理学的真精神，也阐明了知识分子的使命和担当，因之被后世推崇并广为传诵。其主要思想、经典著作及现代价值等均是2021年高考命题可能聚焦的地方。如"天地之性""德性之知""尊礼贵德""以礼立教"等，张载的人与自然和谐观对于今天构建人与自然的新型关系具有启迪意义。特别是张载礼学思想和教育思想的现代价值，"民胞物与"及"爱必兼爱"所彰显的仁爱平等观是儒家仁爱观的突破，对今天深刻理解平等价值观具有重要借鉴意义。诸如"成德为圣"的教育价值、"去疑求新"的创新教育、"因人才性"的教育方法、"以礼为先"的为师之道等，都是有可能成为当下高考命题的热点。

### 5. 中国共产党成立100周年

2021年是中国共产党成立100周年。100年来，中国共产党带领全国各族人民取得的伟大成就，中国特色新民主主义革命理论和中国特色社会主义的成功实践与宝贵经验是2021年广东省高考命题关注的重点。一是在历史与现实的结合中，系统总结中国共产党带领中国人民进行革命、建设、改革的历史经验，如革命和建设的经济、政治、文化、社会、生态文明等各领域取得的重要成就等。二是新中国成立70年来创造的经济快速发展和社会长期稳定的奇迹，揭示伟大成就、变革背后的历史逻辑、理论逻辑和实践逻辑。关注中国共产党为什么"能"、马克思主义为什么"行"、中国特色社会主义为什么"好"。三是中国共产党成立100年来，中国发生了广泛而深刻的社会变革。这些社会变革，对于实现中华民族伟大复兴、推动人类社会进步和世界和平发展具有深远历史意义。

2021年和2022年高考可能重点关注的五大长效热点。

**1. 生态文明**

2020年是绿水青山就是金山银山理念提出15周年。生态文明位居2020年的十大学术研究热点之首。习近平生态文明思想是习近平新时代中国特色社会主义思想的重要组成部分。生态文明有三点值得考生特别注意：一是中华优秀传统文化中蕴含的生态伦理智慧。二是改革开放以来，新中国对生态文明的践行与探索。三是世界各国对生态文明的探索与交流。

**2. 百年变局下的中国与世界**

当今世界正经历百年未有之大变局：一是百年变局是世界性的大发展、大调整、大转折等历史合力的产物，突出表现为新兴市场国家和发展中国家的崛起速度之快前所未有，新一轮科技革命和产业变革带来的新陈代谢和激烈竞争前所未有，全球治理体系与国际形势变化的不适应、不对称前所未有。二是我国正处于实现中华民族伟大复兴的关键时期，面临的机遇与挑战前所未有。百年变局正在对中华民族伟大复兴产生深远影响。当前中国正处于近代以来最好的发展时期，中华民族伟大复兴的战略全局与世界百年未有之大变局同步交织、相互激荡，中国面临一系列机遇与挑战。面对新形势、新使命、新机遇，人类命运共同体理念为应对百年变局，推进全球治理体系变革提供了中国方案。牢牢把握重要战略机遇期，为实现第二个百年奋斗目标打下坚实基础。三是新冠肺炎疫情全球大流行使这个大变局加速演进。2021年广东省高考命题容易以中国与世界的互动为核心，以国家基石、地区支撑、全球视野为重心，从经济、政治、文化、社会、生态等层面，国际政治、世界经济、大国关系、地缘格局、制度优势、科技革命等领域进行全面剖析，围绕百年变局的动力机制、形态演变、发展趋势以及中国在百年变局中的机遇与挑战、责任与担当等，形成历史问题的现实思考和现实问题的历史借鉴，最终达成考试育人的目的。

### 3. 中华文化基因的历史探源

文化自信是一个国家与一个民族在发展中所具有的更基本、更深沉、更持久的力量，科学认识中华文化的渊源与意义是夯实文化自信的一个重要基础。在漫长发展过程中，中华文化形成了稳定的、独具特色的文化基因，并有力推动中华民族持续发展壮大。正因为中华文化基因关联着五千年中华文明的起源和发展脉络，中华文化基因的历史探源成了考古学界和历史学界共同关注的重要议题。2020年所取得的丰硕成果，将会成为2021年广东高考命题绕不过去的长效热点。一是关于中华文明起源和特点的考古学实证与阐释，从不同角度揭示了中华文明的丰富内涵及其持续发展的动力源泉。良渚、石峁、陶寺以及中原与山东地区古城的发现，极大改变了传统上对中华文明起源的认识，有关中华文明形成的模式、文明共同体形成过程、阶段以及特征的认识正在逐渐深入。二是探索中华文化基因的形成过程，早期中国的概念、考古与文献相结合的"二重证据法"和"多学科结合、多角度支持"的研究方法是探索夏商文明的必由之路。三是中华文化基因的史前渊源，在历史流变中构成和形成中华文化基因。既关注悠久农业史对中国文化、社会与思想的形塑作用，同时也关注区域文化、民族文化、外来文化等多种文化元素的相互作用和秦汉以来大一统政治格局之于中华文化基因构成的意义。

### 4. 脱贫攻坚与乡村振兴的历史思考

2020年是决胜全面建成小康社会、决战脱贫攻坚之年。新冠肺炎疫情对我国经济社会发展产生了巨大影响，也给打赢脱贫攻坚战带来新挑战。在党中央坚强领导下，全面建成小康社会取得伟大历史成果，千百年来中华民族孜孜以求的小康梦想即将实现，解决困扰中华民族几千年的绝对贫困问题取得历史性成就，这是"三农"工作重心的历史性转移。2021年广东省高考历史命题，有可能聚焦以下内容：脱贫攻坚的成就、国家扶贫政策效果、脱贫攻坚的制度优势，新中国成立70余年来特别是党的十八大以来，中国共产党领导的减贫事业进程、举措及成效，阐释了脱贫攻坚的历史价值和世界意义等。

### 5. 国家制度和国家治理

中国共产党十八届三中全会确立了我国全面深化改革的总目标是完善和发展中国特色社会主义制度，推进国家治理体系和治理能力现代化。党的十九届四中全会准确把握我国国家制度和国家治理体系的演进方向和规律，提出了坚持和完善中国特色社会主义制度、推进国家治理体系和治理能力现代化的总体目标。2021年广东省高考命题有可能关注以下几个方面：一是从中国革命、建设、改革的历史维度，深度关注中国特色社会主义制度。二是关注中国特色社会主义根本制度、基本制度、重要制度。不但关注我国的制度优势，还会关注把这种优势更好转化为国家治理效能的方法路径。三是中国特色社会主义制度和国家治理体系是建立在以马克思主义为指导、植根中国大地、具有深厚中华文化根基、深得人民拥护的制度和治理体系，是实现中华民族伟大复兴的重要保障。

### 参考文献

姜钢. 坚持以立德树人为核心深化高考考试内容改革［J］. 中国高等教育，2015（12）.

下 篇

纵深拓展的精细分析

# 主观题在新情境中明史知理

高考命题首先追求的是公平与公正。基于这种要求，历史学科的高考题一定要考考试大纲所确定的主干知识。而直奔主干知识的直接命题，不但不能体现命题者的命题智慧，也不能有效考查学生的知识和能力水平。所以，命题者往往会于穷尽处拓宽视域，找一个让人意想不到又在情理之中的角度。这个角度往往就是通过无数个历史新情境来见微知著历史的主干知识，让考生从命题者选定的历史新情境中分析宏大的历史趋势、历史真相或历史规律，"一片树叶可以倾倒一个季节"。五年全国卷高考的历史题全部是用历史新情境作为试题的导入点，细节取材广泛，备选项灵活多变，以小见大。这种建立在历史新情境基础上的试题，入题角度巧妙新颖，表面看起来有点难，但实际上是"活而不偏、新而不怪"，如同用棍棒吓孩子般高高举起、轻轻落下。让试题在完成评估和测试及选拔的同时，也让学生更多理解历史纵向发展的因果相承、横向联系的交融共进，"充分体现史学的丰富多彩和博大精深"。这种通过历史新情境精妙小切口来实现高考历史非选择题命制一年一个追求，一年一步台阶，并呈现出了"国卷"非选择题独有的良性运行规律：贯穿古今—关联中外—交融互通—纵深拓展。

## 一、贯穿古今

五年国卷中的两道非选择题首先呈现"对联式""双峰并出，各擅其美"等特点，并在命题内容的选择上形成一种"对称美"。这种"对联式"的命题是基于当时试题对历史知识覆盖面的要求。一道是中国史，另一道是世界史；两道大题都是通过历史新情境中的一人一事一物或一个历史话题来实现中外历史的贯穿古今。这种对联式的双峰并出的主观题曾深深影响了广东卷命题。如新课程改革首次高考，广东卷第38题以新"社会群体"产生这一历史新情境为话题和主线，把"市民""留学生""工人""农民工"等在不同历史时期出现的新社会群体的历史现象组合在一起，牵一发而动全身，把中国古代史、中国近现代史以及不同时期的经济史政治史文化史都非常自然和巧妙地"牵"了出来。39题以"关税"这一历史新情境为主题和主线，把17世纪、18世纪的英国和1820—1985年英美之间的经济贸易连接起来，以小见大，并通过这种贯穿古今的方式，把大量分散的、相对孤立的英美史实和一些概念（如关税）纳入完整的国际关系史和经济史之中，变成主干分明，脉络清晰的历史。

## 二、关联中外

国卷历史主观题命题继续通过历史新情境这个小切口进一步探新，关联中外成了主观题命题的最主要的追求。以历史新情境中的话题"中外多重史观""中外计划经济"为核心，用同一个历史话题带几件历史大事来实现中外关联。第38题要求考生根据材料结合所学知识分析不同时期不同地区历史编纂的特点和内容来探究历史的本源问题，并以"时代不同，对同一历史内容的看法也会发生变化"为试题的灵魂，巧妙实现关联中外。第39题是一道虚拟的研究性学习案例，以"中国计划经济的形成和变革"这一历史新情境为研究主题，在关联中外中理解历史发展的整体性和复杂性。

## 三、交融互通

国卷在立足历史话题的基础上，用某一历史事件、历史人物、历史现象、历史概念与内涵等在不同历史时期或发生的不同原因和不同评价这些历史新情境来实现贯穿古今和关联中外的交融互通，命题开始向综合化方向发展，实现了主观题命题上的新突破。第38题通过历史新情境下芸芸众生日常生活的变化，要求考生在历史新情境的"以小见大"视角中分别对16世纪和17世纪的欧洲、19世纪的中国、21世纪的美国等不同时期的普通民众吃穿住行用的变化来探究较长历史时段的社会变迁；从而在贯穿古今中实现关联中外，或在关联中外中实现贯穿古今。第39题亦是如此，从概念变化这一历史新情境入手，引导考生透过"科学""民主""经济""中学""粉丝"等词语概念与内涵的变化来理解和诠释造成这些概念变化的历史大背景，在贯穿古今与关联中外的相互交融中不但从历史新情境的视角整合历史主干知识，而且还引导考生自觉在生活中发现历史与思考现实。

## 四、纵深拓展

国卷在贯穿古今和关联中外的交融互通中向纵深拓展，这一点，在第38题表现得非常明显。不同的是2019年两道主观题命题模式选择与风格不完全一致，一道专情于"承古"，另一道热衷于"萌新"。第40题重在"承古"，在前些年交融互通的基础上以欧洲在世界贸易中的地位变化这一历史新情境为切入点；从时间上考查了13世纪、14世纪、16世纪、18世纪、19世纪、二战后等五个时期；从地域上涉及欧洲和中国；从内容上考查了新航路开辟、早期殖民扩张、资产阶级革命、工业革命、经济全球化、世贸组织等主干知识。既有对史实的记忆与重现，也有深入的、多角度的、全方位的、纵横联系的历史大背景的分析。第41题重在"萌新"，以不同时期对洋务运动的认识与评价变化这一历史新情境入题，重点考查对洋务运动评价发生变化背后的19世纪、20世纪70年代和80年代的宏大历史背景，特别是当时的政治经济变化。代表着命题向纵深方向拓展，来年高考有可能就是某个历史人物评价变化背后的大历史了，估计这也是今后几年广东省高考非选择题命题的主要形式。

## 五、对未来新粤卷主观题的启示

第一，2021年广东省再次启动的自主命题，其主观题命题的逻辑思路也会如同全国卷一样，从贯穿古今走向关联中外，从交融互通走向纵深拓展，2021年，广东省自主命题的主观题命制将会在贯穿古今上大做文章。未来新粤卷主观题一共是四道，小论文题和选做题直承国卷，命题追求、命题风格与难度把控，相信与全国卷会如出一辙，模仿国卷成为最稳妥的做法。关键是第17题和第18题会怎么命题？依据全国卷主观题命制规律，2021年将会呈现对联式特点，并在命题内容的选择上形成一种"对称美"，一道是中国史，另一道是世界史；两道大题都是通过历史新情境实现中外历史的"贯通古今"。第17题为贯穿古今的中国史题（14分），第18题为贯穿古今的世界史题（14分），双峰并出，各擅其美。

第二，未来新粤卷的四道主观题说到底只有两种模式。第17、18题和选做题为一种模式，第19题为小论文模式，即过去国卷中选做题模式和小论文题模式。因为全国卷中的选做题是15分，未来新粤卷中的第17、18题是14分，分值的接近，也决定了命题形式与难度上的基本趋同。也就是说，未来新粤卷的第17、18题，由于分值只有14分左右，这就囿束了高考命题人员在难度上的恣意为之。事实上，2020年全国文综2卷历史第41题就是一道具有标杆意义与参考价值的题。

41. 阅读材料，完成下列要求2020文综2卷

材料一　永定河属海河水系，清初"水患频仍"。康照三十七年（1698年），直隶巡抚主持治河，改行河道，并在两岸筑堤防系统。竣工后，康熙皇帝赐名"永定河"，下旨："永定河工，照黄河岁修、抢修之例办理。"清廷设立永定河道，总理永定河事务，有近2000名河兵常年修守。改名永定河后的40年内，下游漫溢、决口达20次。清中期以后，在永定河修建17处减水坝，各减水坝下均开挖有减水引河。一段时期内不再洪水泛滥，但河道淤积严重，到清末已成"墙上筑夹墙行水"的形势。

——据（清）《永定河续志》等

材料二　新中国成立后，中央在大江大河治理中把保证人民生命财产安全放在首位。1951年，开始在永定河上修建官厅水库，这是海河流域第一座大型水库。1957年，《海河流域规划》编制完成，其方针任务是：防止华北洪涝灾害，发展灌溉、航运、发电、工业城市给水。1963年11月，毛泽东发出"一定要根治海河"的号召。海河流域各地分别成立"根治海河"指挥部，在工程实施中采取了"集中力量打歼灭战"的方针。"根治海河"前期，每年用在水利建设上的劳动力达百万以上。骨干工程在用工与治理顺序上实现了各省市的团结协作。经不懈治理，海河流域的洪涝等自然灾害得到有效控制，"十年九荒"的历史彻底改变。

——据《海河志》等

（1）根据材料一并结合所学知识，概括清代治理永定河的措施及其效果。

（2）措施：设立专门机构；建立岁修、抢修制度；改修河道，筑堤束水；修建水坝和减水引河。效果：取得了一定成就，但未根治水患。

（3）根据材料并结合所学知识，分析新中国成立后治理海河的特点及其意义。

（4）特点：将保证人民生命财产安全放在首位；群众广泛支持、参与；统一领导、统筹规划，地区间的团结合作；水利工程功能更广泛；制定了正确的方针政策。意义：有效治理了水患；推动了国民经济恢复发展，为现代化建设创造了有利条件；体现了制度优势。

第一种模式：第17、18题和选做题。

命题规律：从古今贯穿—关联中外—在古今贯穿的基础上关联中外。

命题视角：背景、原因、发展、变化、特点、异同、作用、影响、认识、评价、启示、说明。

背景、原因类：政经文与事件本身、根本与直接、内与外、主观与客观、历史与现实。

比较异同类：异与同要对应。均可从以下几个方面：背景、目的、本质、内容、影响。宏观找相同点。微观找不同点。

评价、影响类：积极与消极。对当时社会与统治有何作用，与前比有何新的东西、给后代带来什么、本质属性是什么。

认识、启示类：从本质入手谈经验教训，忌凭空想象，加强针对性。

第二种模式：小论文题

选用容易、熟悉、明确的点进行模式化论述。用最短的时间、最明确的论点和最熟悉的史实论证。做到"六有"：有亮丽的论题，有明确的史论，有准确的史证，有升华的结论，有清晰的逻辑，有基本的字数。

例如：

（2017·新课标全国Ⅲ卷文综·41）阅读材料，完成下列要求。（12分）

材料 近代中国接触的西洋"除了强大的武力，尚有别具一格的政治组织、经济力量、高度文化，一旦彼此短兵相接，中国的藩篱为之突破，立国基础为之震撼"。面对这"旷古未有的变局"，中国"应付的困难就从此开始了，但前途放大光明、得大幸福的希望亦即寄托在这个大变化上"。

——摘编自吕思勉《中国通史》

围绕材料，结合中国近代史的具体史实，自拟论题，并就所拟论题进行阐述。（要求：明确写出论题，阐述须史论结合）

论题参考：一是近代列强的侵华具有双重性，二是近代列强侵华带来困难同时前途也光明，三是西方文明的冲击加速了中国近代化进程，四是西方工业文明冲击下的中国近代社会转型，五是近代中国的反抗与探索，六是近代以来东西方文明的冲突与交流，七是近代中国走上光明之路得益于面临千年未有之变局时所做出的每一次反应。

第一个论题：西方文明的冲击加速了中国近代化进程

阐述：19世纪中期以来，西方发动了一系列的侵华战争，给中国带来灾难，但西方工业文明的冲击也给中国带来近代化的机遇。

经济上，自然经济开始瓦解，洋务运动出现、民族资本主义工业产生发展。政治上，封建君主专制动摇，维新运动主张君主立宪制、辛亥革命推翻帝制，建立民主共和制。文化上，封建思想受到冲击，维新思潮、民主共和思潮、新文化运动促进中华民族的思想启蒙。生活习俗上，近代中国的衣食住行、婚丧嫁娶发生变化，出现简约文明婚姻等。中国近代化经历了由学习西方的器物到制度再到思想的过程。

总结：总之，中国在西方文明的冲击下，被迫开始近代化进程，加速了中国由农耕社会向近代工业社会的转型。

第二个论题：近代中国的反抗与探索。（2分）

阐述：近代中国由于闭关锁国而落后于世界发展大势，东西方列强竞相侵略中国，在巨大的变故面前中国人前赴后继不断地探索救国之路，由军事而政治，由政治而思想文化，探索的主体由地主阶级而资产阶级而无产阶级，最终走上了光明之路。（4分）

明清之际，中国衰落，西学东渐之势渐强，鸦片战争迫使中国人开始主动向西方学习军事技术，中体西用成为主流，但后来的一系列中外战争的失败使后继的先进的中国人再次觉醒，进而掀起了戊戌变法、辛亥革命等资产阶级革命运动，不仅学习西方的军事，更重要的是学习西方的政治制度，但由于中国的特殊国情，中国的民族资产阶级力量弱小，无法完成民主革命的任务，最终历史选择了无产阶级来完成任务，从而走上了社会主义的道路。（4分）

第三个论题：近代以来东西方文明的冲突与交流（2分）

阐述：工业革命后，已经成为工业文明国家的英国，发动鸦片战争，打开了中国的大门。以林则徐为首的先进知识分子，看到了西方船坚炮利，提出"师夷长技以制夷"，学习西方的先进武器和技术。中国开始了文明的大进化。（4分）第二次鸦片战争的失利，清政府受到极大震动，洋务派觉醒，发起洋务运动，开始了中国的近代化历程。（4分）洋务运动过程中，部分中国人认识到了西方先进的根本在制度与文化，开始学习西方君主立宪制，并经由甲午战争惨败的刺激，掀起了戊戌变法运动。同时期，西方民主启蒙思想传播，中国开始了近代化以来真正的思想解放，全面学习西方文明。（4分）庚子之难后，清政府逐步被抛弃，资产阶级革命派发起辛亥革命，推翻了清王朝统治，仿效西方，建立了中华民国。民国初，工业文明与中国农耕文明全面交流，并产生了新文化运动，主张否定中国传统文化，以西方文化来作为改造国民的手段，实现与西方文明全面并轨。（4分）（史料任选两条，论点与史料逻辑一致，语言通顺，加2分，满分12分）

第四个论题：近代中国走上光明之路得益于面临千年未有之变局时所做出的每一次反应。

阐述：明清时期，中国因闭关锁国政策的推行而将自己置身于世界发展潮流之外，欧美诸国迅速崛起，凭借它们别具一格的政治组织、强大的经济力量以及高度发达的文化，最终打开了中国的大门，中国逐渐陷入半殖民地半封建社会的深渊。

面对一次次列强发动的侵华战争给中国带来的"旷古未有的变局"，先进的中国人开始寻求强国御侮之道，经历了从西方学习"器物到制度再到文化"的发展过程。第二次鸦片战争之后，洋务派掀起了一场"师夷长技以自强"的自救运动，虽因甲午中日战争的惨败而宣告流产，却成为中国近代化的开端；19世纪末，日益成长起来的中国民族资产阶级，先后掀起了戊戌变法及辛亥革命两场运动，他们不仅要求学习西方的军事，而且强烈要求学习西方的政治制度，但终因中国民族资本主义发展不充分、中国民族资产阶级力量相对弱小，均未获成功；此后，新文化运动兴起，中国知识分子们为解放中国人思想、革新中国的旧文化奔走呼号，为中国新的革命扫清了巨大的障碍；历史的重担因地主阶级、民族资产阶级的不胜任自然而然地落到了新兴力量——无产阶级的身上，在其先锋队中国共产党的领导下，历尽曲折和艰辛，最终赢得了新民主主义革命的胜利，并建立了社会主义新中国，开辟了中国历史的新纪元。

第三，历史重在两个方面：一是前因后果，二是来龙去脉。高考一般都考前因后果，考来龙去脉的比较少。而前因主要表现为：历史背景、原因与条件、目的与动机、特点与特征、性质与实质、变化、经过与内容。后果主要表现为：效果、结果、后果、意义、作用、影响、经验、教训、启示、评述、评价、评论。高考主观题的命题逻辑是先呈现果，后探求因。第17、18题与选做题的第一问：一般情况下是概括历史事件的背景或内容，答案重点在材料中。有句号找句号，几个句号答几点；没句号找分号，没分号找逗号。用自己的语言概括与表述，把古文翻译成现代文，去头去尾关键词；如果一定要照抄材料加引号，变成引用材料。若第一问考背景与原因，则按以下思维规律答题：从大到小、由远及近——历史原因、世界原因、统治原因、社会原因、民生原因、行业原因、个人原因。第二问：一般情况下是考作用、影响和意义。整体分政治、经济、思想文化三大部分。一般是以经济变化为主，其答题的思维规律是从小到大、由近及远：对行业、对民生、对社会、对统治、对世界、对历史等。语句由"了"和"有利于"组成。多写几个"了"，或多写几个"有利于"。最佳组合方式是"3个了+2个有利于"。或"2个了+3个有利于"。政治上的"了"有：改革了，缓和了，巩固了，加强了，提供了，提高了，接受了，推动了……经济上的"了"有：促进了，改善了，稳定了，提供了……思想文化上的"了"有：推动了，提升了，提供了，促进了等等。

第四，准备充分不恐惧。历史高考有三大系统：教学系统、命题系统、阅卷系统。最后落实在"应考"上，考试一定有规律和技巧。准备充分不恐惧，因为恐惧源于陌生。复习分三轮：一轮大通史，二轮小通史，三轮热点史。资料来源很丰富，如中学历史教学园地。基于教师而言：解决如何教的问题。立足考纲不瞎跑、立足教材不裸跑、立足真题不偏跑、立足战略不乱跑。基于学生而言：解决如何学与练、最后解决考的问题。

一轮：主干一扫光，名题选三强。三强：高考强省、高考强市、高考强校。策略：立足主干、夯实基础、小步快走多回头。

二轮：靶向瞄准练，真题刷三遍。题从何来：2011年到2020年高考历史题，一二三卷和海南卷。策略：按题练、按类练、按年练。练到百分之百正确。三破除：破除高考神秘，熟悉命题规律。破除教材本位，拓展史学视角。破除高原现象，查漏补缺创新高。

三轮：狙击找目标，原创用三点。题从何而来：基于重点、热点、盲点的原创题。策略：自创一些、交换一些、购买一些。

第五，拓展视界视域。相对于高考而言，教材是基础，但不能仅依赖教材。只读教材的考生，肯定适应不了高考的需要，也难以在高考中拿到理想的分数。立足主干历史知识，深度拓展自己的视界视域。试举几例。

一是对重农抑商政策深度认识。

二是对小农经济的特点和中国古代"男耕女织"的全面理解。男耕女织？男织女耕？男女共耕共织？近代逐渐解体是从男耕开始还是从女织开始？织又分为纺与织，最初是布打开了中国市场，后买英纱来织布，形成一道独特的风景，既受冲击又有一定的抵制。

三是多快好省如何犯错误？"58"错误与"文革"错误都是错误，但有区别。

四是近代科学与宗教的关系。

五是宗教改革与资本主义经济发展的关系。

六是中山装有无政治含义。

七是近代欧洲文明的源头只有古希腊罗马吗？中世纪欧洲真的只是一片黑暗吗？

八是文艺复兴中黑死病引起人们什么样的反思？近代科学与宗教的关系？

九是洋务运动与明治维新相比的新视角：少数官僚的非主流行为，慈禧的有限支持。

十是近代小农经济是如何"逐渐"解体的？为什么始终在"逐渐解体"状态？

十一是历史上两大黑暗时期：北洋政府与中世纪欧洲，一个是热点中的盲点（民主政治），一个是冷点中的盲点（近代欧洲文明最重要的源头）。

又如中国主流思想的演变（此处采用了杨山坡老师的成果）。

党的十八大报告中首次将"科学发展观"确立为党必须长期坚持的指导思想，这表明科学发展观与马列主义、毛泽东思想、邓小平理论、"三个代表"重要思想一起成为指导党和国家工作的思想武器。在今后全面建成小康社会的历史征程中，科学发展观将成为国家建设的主流思想被全党坚持。指导思想在一般情况下都是主流思想，中国历史从古至今，不同历史时期和不同发展阶段都有被统治者用来治国的主流思想或指导思想。

**一、主流思想的定义**

主流思想是指某个时代，居统治地位、起主导作用的思想；主流思想一般是统治阶级认可接受的思想，是执政者治国的指导思想。而且，主流思想是一个体系，包括哲学思想、政治思想、经济思想、文化思想、伦理思想等。

**二、中国社会各时期主流思想演变历程**

**（一）夏商周**

1. 内容：神学思想，包括对天命、鬼神、祖先等超自然力量的崇拜，西周还注重宗法和礼乐思想。

2. 原因：早期人类改造自然能力低下；宗法礼乐思想则是为了巩固分封制和宗法制。

3. 评价：虽然夏商周时期主流思想神学色彩较为严重，但统治者通过尊崇鬼神有利于树立权威，取得统治合法性，又是强化王权的重要手段。

春秋战国时期，随着分封制、宗法制的崩溃，社会动荡。身为贵族底层的士阶层和平民处境急剧恶化，从贵族到平民都对现实产生普遍不满，从而带来神权思想的动摇，这种动摇在春秋战国时期的诗句中有明显反映。时代变化，带来了"百家争鸣"的思想局面，各流派新思想产生，这些思想都出自民间，处于非主流地位，但都对当时的主流思想持不同程度的怀疑与否定。如儒家思想"敬鬼神而远之""未能事人，焉能事鬼？"就是对长期居于主流地位天命鬼神思想的一种怀疑；《周易》中丰富的辩证思维精神和"天行健，君子以自强不息"其实是人文精神的原始觉醒。这些思想都对传统的神权迷信思想产生了冲击。

**（二）秦朝**

1. 内容：法家思想。

2. 原因：秦朝统治者对空前帝国的治理缺乏经验；法家思想指导下的商鞅变法使秦国强大，亦使秦朝统治者认可了法家思想的实效性；法家思想适应了秦王朝建立专制主义中央集权国家的需要。

3. 评价：（1）使秦国强大，统一六国，建立了专制主义中央集权制度，也开了历代文化专制先河。（2）对法家学说的极端实践使秦朝的暴政遭到普遍反抗，使秦王朝二世而亡。

**（三）西汉初期**

1. 内容：黄老之学（无为而治）。

2. 原因：（1）西汉初年，经济残破，百废待兴。（2）西汉初期统治者吸取秦朝灭亡的教训，实行休养生息政策。

3. 评价：（1）黄老政治的实施使西汉社会经济得到恢复和发展，到汉武帝时期，西汉社会迅速恢复了元气，黄老思想作为统治思想，完成了历史使命。（2）但也带来了一些负面影响：丞相权力膨胀，皇权与相权矛盾尖锐。中央对郡守控制较松，王国问题出现，威胁中央集权。

**（四）西汉至清朝（鸦片战争前）**

1. 内容：包括董仲舒的新儒学、程朱理学。

2. 原因：（1）董仲舒新儒学融合各家思想，适应了汉武帝加强中央集权的需要。（2）理学家融合佛道思想对儒家思想进行改造，适应统治者加强伦理教化，维护专制统治的需要。（3）统治者将儒家思想作为教育内容，并与选官结合起来，适应了知识分子的要求和社会发展的需要。

3. 评价：（1）"大一统"思想有利于维护中华民族的统一。（2）仁政、德治、民本思想等有利于维护社会稳定，改善民生。（3）儒家思想宣扬忠孝仁义等观念，强调加强个人道德修养，有利于调整人际关系。（4）儒家思想强调人的社会性，对个性有一定程度的压抑，极大地阻碍了社会进步，在近代妨碍了民主制的产生。（5）儒家思想侧重关注人伦，忽视对自然科学的研究，长期居于主流地位，不利于近代自然科学的发展。

（五）晚清（1840年——1912年）

1. 内容："中体西用"思想，以传统儒家思想和纲常礼教为根本，辅之以西学来维护自身统治，先后经历了"洋务运动""清末新政"等。

2. 原因：（1）儒家思想应对时局乏力，统治阶级中的开明之士不得不从儒学之外找寻新法（西法）以化解危机。（2）儒学内容僵化，官方正统儒家思想主要内容是与专制王朝命运紧密相关的、以三纲五常为核心的道德学说，此时日益与社会发展脱节，缺乏感召力，如天朝观和义利观等。（3）西学的冲击，西方各种新思潮、新思想的传入与产生，如西方科技、自由、平等、民主、科学等，冲击传统儒家思想。（4）科举体制的最终被废除、新兴媒体对儒家传播体系的冲击、新法律体系对儒家秩序观念的颠覆等都是造成儒家走向衰落的原因。

3. 评价：（1）晚清"中体西用"思想是清政府面对内忧外患的被动应对，重在挽救自身统治，而非系统地促进近代中国的转型，所以并未挽救清朝日趋衰落的命运。（2）"中体西用"思想有利于新思想的产生和传播，促进了人们思想的解放。（3）"中体西用"思想指导下的洋务运动、清末新政等促进了中国的近代化。

（六）中华民国（1912年——1949年）

1. 内容：三民主义。辛亥革命后，中国进入北洋政府时期，尽管带有封建专制社会的烙印，但北洋政府承接了辛亥革命的政治成果，具备资产阶级民主共和国的外壳。孙中山发起的一系列维护民主共和的斗争以三民主义为指导，且后来发展为新三民主义。南京国民政府时期，作为执政党的国民党其宗旨也是三民主义。

2. 原因：（1）三民主义的内容符合当时中国反帝反封建的时代要求。（2）三民主义本身随着革命实践而不断丰富发展。（3）孙中山在国民党内的崇高地位和国民党执政地位的确立。

3. 评价：（1）三民主义集中代表和反映了中国人民要求民族独立富强的愿望。（2）推动了资产阶级革命的发展，在其指导下制定了《临时约法》，建立了中华民国。（3）三民主义后成为国共两党政治合作基础和中国人民进行救亡图存革命斗争的纲领。

（七）中华人民共和国（1949年至今）

中华人民共和国的主流思想从宏观的角度来理解，就是马克思主义在中国革命与社会主义建设事业中不断中国化并产生理论成果的过程。胡锦涛在纪念中国共产党成立90周年大会上的讲话上指出："我们党坚持把马克思主义基本原理同中国具体实际结合起来，在推进马克思主义中国化的历史进程中产生了两大理论成果。一大理论成果是毛泽东思想……另一大理论成果是中国特色社会主义理论体系。"如果以1978年十一届三中全会召开作为标志的话，那么，中华人民共和国的主流思想可以分为两个时期。

**第一时期是1949——1978年，其主流思想是毛泽东思想。**

1. 内容：马克思主义中国化主要体现在毛泽东思想上。

2. 原因：（1）新中国成立，中国共产党执政党地位的确立。（2）党的一代领导集体对社会主义建设的探索，马克思主义中国化成果不断丰富完善。（3）马克思主义中国化的理论成果指导中国人民在国家建设中取得了巨大成就。

3. 评价：（1）成为社会主义中国建国立国的思想政治基础，是马克思主义与中国实际相结合的第一次理论飞跃。（2）新中国成立后，指导中国人民进行社会主义工业化建设，完成社会主义改造。（3）是马克思主义发展史上承上启下、继往开来的重要理论成果，为中国特色社会主义理论的形成奠定了基础。

**第二个时期是1978年至今，其主流思想是中国特色社会主义思想。主要内容包括邓小平理论、三个代表、科学发展观。**

1. 内容：本阶段的马克思主义中国化主要体现在中国特色社会主义思想上。它是对毛泽东思想的继承和发展。

2. 原因：

邓小平理论：（1）我国和国际社会主义事业兴衰成败的历史经验。（2）国际形势的变化，和平与发展成为时代的主流。（3）改革开放和现代化建设伟大实践的迫切需要与积累。（4）马克思主义毛泽东思想也必须在新时期获得新的发展。

三个代表：（1）改革开放取得巨大成就，同时面临不小的压力和困难。

（2）迫切需要进一步总结社会主义兴衰成败的历史经验。（3）世界政治格局多极化趋势加强，经济全球化不断加强，现代科技迅猛发展，各种思想文化相互激荡。

科学发展观：（1）在新世纪新阶段的新的起点上，继续推进社会主义现代化，必须有统领经济社会发展全局、贯穿改革开放和现代化建设全过程的重大战略思想。（2）深层改革开放矛盾的凸现使我国经济社会发展面临着一系列严峻挑战。（3）进一步总结改革开放三十年来实践的经验教训。（4）新时期需要进一步吸取国外发展经验、借鉴国外发展理论。

3. 评价：

邓小平理论：（1）邓小平理论继承和发展了毛泽东思想，是当代中华民族的强大精神支柱。（2）是指导中国人民在改革开放过程中胜利实现社会主义现代化的伟大旗帜。（3）是马克思主义的基本原理与当代中国实际相结合的第二次历史性飞跃的理论成果。

三个代表：（1）反映了当代世界和中国的发展变化对党和国家工作的新要求，是加强和改进党的建设、推进我国社会主义自我完善和发展的强大理论武器。（2）是中国共产党的立党之本、执政之基、力量之源。（3）它同马克思列宁主义、毛泽东思想和邓小平理论是一脉相承而又与时俱进的科学体系，是新世纪新阶段中国共产党和中国人民实现全面建设小康社会宏伟目标的根本指南。（4）是中国共产党集体智慧的结晶，是马克思主义中国化的最新成果，是党必须长期坚持的指导思想。

科学发展观：（1）是在已有重要理论成果的基础上，勇于推进实践基础上的理论创新，围绕坚持和发展中国特色社会主义所提出的一系列紧密相连、相互贯通的新思想、新观点、新论断。（2）是理论创新的一个突出成果，体现了中央新一届领导集体对发展内涵的深刻理解和科学把握，对发展思路、发展模式的不断探索和创新。（3）十八大把科学发展观作为我党指导思想的最新部分，是对指导思想的丰富与完善，必将成为今后工作的强大思想武器。

由于千奇百怪且丰富多彩的历史新情境为高考主观题提供了取之不尽用之不竭的命题视角。如日常生活、底层人物、突发事件、妇女、性行为、精神疾病等微观层面的历史新情境。高考命题着眼点已从决定历史发展的精英转移到老百姓，从政治军事等重大历史题材的社会主线细化到艺术、犯罪、医学、宗教、政治、商业以及日常生活等历史新情境的涓涓细流。因此，我们预计不但2021年，而且在今后一段时期的主观题命题，广东省都会通过一个或多个历史新情境来见微知著历史的主干知识，并明史知理，滋养育人。

# 答题空间在平等中恰如其分

一套试卷的成熟，不仅仅是对难度的精准把握和对主干知识点的精巧切入，同样还包括恰恰被一线老师忽视的答题数的多少和答题留白的空间大小，这也是被忽视多年的复习盲点和训练盲区。它如同农民的收割季节，收割方式的先进与否也是决定"颗粒归仓"的因素之一。恰恰在这一点上，五年历史题对答题卷的关注与设计呈现出了导向性特点，三科答题空间在平等中恰到好处、恰如其分。

科学分配时间，做足面上功夫。

## 一、五年全国历史卷主观题答题区域留白恰如其分

第一，三道主观题（其中第40题两问，第41题一问，第45～48选做题每题均是两问。2017年由于政治突然增加题量，历史学科题号相应往后推了一位，即41、42题，选做题为46～49题）共设计成五问，不多也不少，刚刚符合考生应考的心理原理，是一个比较成熟理性的选择，既适合考生要求，也有利于高校选才。前几年地方卷主观题那种设问过细过碎的不足得到有效克服。设问的减少与适宜，有利于整体考查学生宏观与调控能力，说明留给考生思考的时间也就更多了，宏观的历史思维层次要求更高了。估计未来主观题设问将会逐步减少，留给考生的思考时间将会更多。

第二，从三科答题空间的设计上来看，政治、历史学科的答题空间基本同等，而且没有横格线；地理学科由于其特殊性，非选择题答题所需要的空间不多，写字量也不是太大。曾经的2011年，南方某省高考文综历史答题空间设计偏紧偏少，造成了考生无法在正常范围内答写完自己认为重要的答案，普遍反

映答题空间预留窄小，对考生正常水平的发挥产生一定影响。而在五年的全国卷中，这种情况得到了有效地重视。三科基本相同的答题空间让五年的考生反映良好，希望2021年高考广东省自主命制历史试卷的问答题答题区域的预留仍延续五年全国卷的恰当与适合。

第三，适宜问数与答题空白的启示。一是政治、历史拥有同等的答题留白，答题字数没有科目区别，两科基本上都是同等的写字量，留白空间可写七百到九百字。答题留白没有设计横格线也是想让考生有一个尽情发挥的机会，它不但可以测试考生的多种能力；同时也让考生在答卷上尽抒其意，多一些展现自己水平与能力的机会。二是科学合理分配好三科答题时间。由于三科在高考中都是平等的，三科答题时间的分配也应基本均衡。文综最理想的追求是总分为大，学生在考试中科学地调配好各科答题时间是十分必要的。文综三科是两个半小时，平均分配给每科的考试时间理论上都是50分钟，35道选择题原则上是1分钟干掉一道，需要用时40分钟左右，但最多不能超过45分钟，否则，会影响整个非选择题答题时间。三科非选择题答题共用时105分钟，平均每科35分钟，最后10分钟用来检查试卷与修订答案；地理学科主观题由于答题写字量不大，正常情况下，可以考虑在30分钟左右做完，结余出来的5分钟可考虑给政治学科；历史学科必须在35分钟内完成三道主观题的答题任务。这样一来，考生平时就要养成科学分配好三科答题时间的敏感度和习惯性。当然，如果某一学科答题时间提前完成了答题任务，可以考虑把结余的时间分配给时间相对紧一些的学科，但绝不能以牺牲一个学科去成就另外一个学科。因为宏观把握和科学调配好答题时间本身就是一种能力与素养的隐性测试与评估。三是追求答案精准化，不写无关或模糊的语言。四是做好考前限时限字数的应对性训练。高考历史要想获得理想的分数，非选择题的答题写字量达到一定的标准是必不可少的，35分钟写800字就是一个必须达到的基本标准。历史学科不像数学、物理、化学、生物等学科，考生可以根据自己的实际水平策略性选择放弃某些难题，以求紧紧扣住考生自己能够得到的分数。而文综中的历史、政治科目不同，不能放弃任何一道题，再难的题也要争取得分，不能留任何空白，写了可能得分，不写任何得分的机会都没有。主观题容易，考生就必须在准确上多下功夫；试题难，考生就多写些字，在量大上做文章，保障高考历史学科试卷有足够的字数而大大增加得分的机会。

## 二、科学分配好答题时间

稳定、恰当、合适的留白（即适宜的答题空间）既是高考命题走向成熟的标志之一，也恰恰是考生复习和训练的盲区盲点。因此，科学合理分配好三科和各题答题时间，不仅是一种考试技巧，更是一种良好的考试习惯。

第一，文综中的三科都不能策略性垫底。广东省高考自2010年采用新模式以来，特别是2011年，广东高考文综历史答题空间设计偏紧偏少，考生无法在正常范围内答写完自己认为重要的答案，普遍反映答题空间预留窄小。没适当的地方答题，考生水平再高，也或多或少会影响考生正常水平的发挥。从2012年开始，这种情况得到了有效地重视和改善，当年政治、历史、地理（由于地理学科的特殊性，非选择题答题所需要的空间不多，写字量也不是太大）三科特别是前两科的答题空间设计比较合理，符合考生答题的基本要求，政治和历史两个学科的答题空间已基本接近，政治历史都是24行。同等的答题行数提示考生，文科综合中的三科，特别是政治历史两科，没有哪一科的答题空间和写字量比哪一科少。在文综三科中，政治、历史学科都是答题文字量较多的科目，两科相比较，两个学科的性质和高考中的同等重要决定了没有哪一科的写字量就一定比哪一科多，两科基本上都是同等的写字量，即使有区别，也只是细微的，总量上出入不会超过一百字。以2017年为例，政治、历史答题空间预留都是24行，每行大约是19厘米，可写30~35个字，答题都可以写700到900字。因此，文科综合中的政治、历史、地理三科，任何一科在考试中都不能遭遇策略性垫底。

第二，做好考前限时限字数的应对性训练。平时就要做好考前限时限字数的应对性训练，养成17分钟写400字的习惯。

第三，科学合理分配好三科答题时间。历史学科必须在35分钟内完成两道主观题的答题任务。因为宏观把握和科学调配好答题时间本身就是一种能力的隐性测试与评估。

## 三、基于未来粤卷说几点建议

未来粤卷命题，在作答留白区域的设计上，仍会延续全国卷的恰如其分。当主观题答题区域恰当合理时，整洁美观的卷面会为阅卷老师在辛苦和疲劳之余带来美的享受，爽心悦目之下必然会有理想的分数。作者多次参加高考历史学科的阅卷工作，发现相当一部分考生出现非知识性因素和非能力性因素丢分，主要表现在两个方面：一是不能科学合理地分配好政治、历史、地理的答题时间，历史空白卷或部分空白卷现象非常严重。据了解，广东学生把文科综合中的历史学科主观题放在策略性垫底位置。二是字迹潦草，卷面不美观漂亮，达不到要求，影响评分。因此，做足"面上"功夫，让文面整洁美观是必不可少的环节：

第一，尽可能写够字数，以量取胜。文科科目的考试，不像理科，遇到难题可根据自己的实际水平与能力选择策略性放弃，文科试题再难也必须全部做完，不能让其中任何一道难题留下空白，只要你动了笔就可能有分。而且要尽可能写满给定版面的四分之三以上。

第二，扣准其主题亮点，以质取胜。一是抓主题。主题无疑是历史材料问答题的重点；是贯串材料内容的基本问题和基本史学观点，是考生通过对历史材料的提炼而得出的思想结晶。是对历史材料所阐述的某个史学问题发表自己的看法和主张；宣传或反对某个观点。因此，主题是统帅答题的"纲"，是答题成败的关键。如何扣住历史材料问答题的主题，以下三点不可缺失：正确。所谓正确是指行文的主题要符合唯物主义史学观，符合国家的政治原则，体现出积极向上的健康思想，不片面、不偏激、不灰色等，按照马克思主义辩证法观点和史学观客观公正地分析历史事件与历史人物，不能站在自己的角度反映偏激或错误的史学观。从广东省2020年高考的历史材料问答题的考试实际情况看，完全不能扣住主题的很少，大多数不能扣住主题主要体现在"片面、偏激"等方面。深刻。要想获取高分，就必须在主题的深刻性上下功夫；纵深思考，深入挖掘，多问几个"为什么"。二是扣亮点。历史材料问答题最大的亮点是运用基本的史学理论观点分析材料的本质和规律，这也是历史阐释能力的最高要求。考生要善于运用辩证唯物主义的观点和方法思考史学问题，对历史材料进行辩证、历史地分析，有效辨别观点错误的材料，增强对历史事物的主观判断能力，全面理解作者的立场、意图、所处的时代背景；慧眼觅宝，创新材料，将历史材料中的有关信息升华为规律性内容，揭示其本质。

第三，扮成第一眼美女，以靓取胜。要想让自己的答题版面漂亮到让阅卷老师"一见钟情"，三秒钟内"电"倒阅卷老师，考生就必须在文面上下足功夫。一是要注意不把错字涂成黑团。即便是你认为写错了，也不要画掉，既没有划出新的版面，也可能画掉了正确答案。二是书写要工整，不能潦草，要写规范字。三是正确使用标点，段落匀称，第一段和最后一段不宜过长，否则，让人感到不舒服。四是答题要简明，言简意赅、条理清楚、逻辑严谨。五是语言要规范，准确使用"历史语言"，不滥用文学语言。六是行文要完整而有层次。概括起来说就是要做到"四化"：答案段落化、段落层次化、层次要点化、要点序号化。

全国卷时代的阅卷要求，同样适用于2021年新粤卷。命题者变了，阅卷的主体基本没变，要求同样是如此；而且时间更紧，答题量更大，书写速度要求更快更好。

# 史学真实成为试题生命底线

## ——以2018年高考全国文综1卷历史题为例

历史因真实而崇高，真史育真人才是人间正道，虚假史实培养不出诚实的人。史学家的使命在求"真"，中学历史老师的职责在传"真"，高考命题专家也是在追求史学真实的基础上命制高考真题，代表国家完成人才选拔与立德树人的试题编制工作。历史学真实是一切历史解释、历史高考试题养育考生的生命底线。

2018年高考全国文综1卷历史题，以历史学真实为基础，精选出具有典型教育意义和价值养育的历史解释，立意成题，教化为宗。把核心素养特别是立德树人变成一道道可量化、可检测、可考试的试题。既做到了考点必备化、能力分层化、立意素养化，服务了高校选拔人才和导向中学历史教学，同时也落实了立德树人的最高目标。

### 一、什么是历史真实？如何理解高考试题中的历史学真实呢？

我们首先要厘清两个概念，即历史的真实包括历史本身的真实性与史学真实性。

第一，历史本身的真实性，即历史真实。历史是客观存在的，这是历史真实性的唯一表现，它是人类社会研究历史的理想目标与追求，历史的客观性真实让我们始终保持了一份对历史的敬畏，后人所要做的就是把追求历史本身的真实性与客观性作为我们人类的使命，无限追求和接近历史本身的真实。高考历史学科命题专家始终不渝对历史的"客观性保持信念"，"使自己的认识不断接近过去实况"，尽量减少"个人的修养、见识、处境、立场、价值观念乃至气质……"对历史客观性的减损，减少或避免历史解释中的主观成见。当然，历史的客观性并不是不可知论，历史是可探究和可以解释的。历史学的主观性真实，让命题专家相信过去是可以探究的，是可以知道的，人类有能力也有实力去无限接近这种历史的真实，历史高考试题是可以通过在史学真实基础上的历史解释来滋养考生的。"历史学家通过对文献的考订和辨析，可以还原历史的真相。"虽然没有命题专家敢断言自己命制的高考题是终极的历史解释，但这并未影响他们求真史、播真史、育真人的探索与追求，如同司马迁景仰孔子一样："虽不能至，然心向往之。"

第二，历史学的真实性，即史学真实。被记载和被解释的历史已不是历史本身的真实性，它有一定程度上的主观色彩，只是历史学的真实，不是历史本身的真实。人类探求与研究出来的史学成果只能称做是历史知识的真实，或称史学真实。它"只是一种知识论意义上的真实，它指向的是历史知识在一定的史学框架内的可信度。历史知识是否真实，需要考查它的证据是否可靠和充分，论述是否严密和周全，以及是否得到史学界的公认。这种真实性的核心是一个'信'字，即证据可信，论证可信，结论可信……史家写出的历史，一方面要有坚实可信的史料证据，另一方面让读者感到真实可信，这样才能成为'信史'。"高考命题专家"借助翔实的材料、细致的考订、缜密的分析和深入的阐释"而编制出来的高考题就具有了史学真实和建立在这个基础上的养育价值和教育意义。

第三，由于历史具有不可重来、不可复制、不可直接验证以及纷繁复杂等特点，再加上不同国家、不同民族、不同地域、不同文化、不同思想、不同时代等因素的影响，特别是研究者和高考命题专家个人素质、才能、立场、角度、兴趣的差异，都会让历史学的真实在一定程度上具有不可避免的主观色彩。

## 二、历史学真实在2018年高考试题中的呈现

2018年的高考试题以历史学真实性为基础，于穷尽处拓宽视域，继续让历史主干知识大行其道，每道试题基本上都找到了一个让人意想不到又在情理之中的角度切入历史主干知识，让考生从命题者选定的视角中分析出宏大的历史

趋势、历史真相或历史规律。整套试题构思巧妙新颖、活而不偏、新而不怪、平凡中蕴新意。以阶段特征、时代背景、重大历史问题的影响与评价作为试题的主要内容，重点考查考生对主干知识的理解与应用，突出对主干知识的活学活用，注重考查学生的学科素养与学科思维能力。这不但有助于优化未来中学历史教学内容、减轻学生负担、降低试题难度，同时也是广东今后高考命题的方向性追求，未来新粤卷高考试题命制仍会在立足于史学真实的基础上下足功夫，出活试题。

第一，高考试题全部选用了史学真实性在史学界基本没有争论的历史主干知识。2018年高考国Ⅰ卷历史题考查的主干知识点主要有：诸子百家、古代手工业、藩镇割据、郑和下西洋、甲午战争、中共成立、中共外交、村民自治、"一五"计划、雅典民主、早期殖民扩张、工业革命、马克思主义诞生、第三世界崛起、二战史及美国外交政策的演变等。同时，还隐性涉及了一些必备历史知识中的必备历史概念与历史人物，前者如安史之乱、藩镇割据、甲午战争、人文精神、第三世界、农村基层民主；后者如墨子、郑和、梭伦、马克思、汉武帝、毛泽东、华盛顿、罗斯福等。上述这些被高考题所涉及的主干知识几乎都没有史学真实的风险。

第二，高考试题在基于史学真实的基础上，试题的落脚点重在关注真实历史与现实对接的重点、难点、热点问题上，让历史高考试题为现实服务、为人服务。

2018年高考文综历史试题基于立德树人和规避史学真实性风险，继续关注必备历史知识和主干历史知识中与现实需要对接的热点问题。非常重视对热点问题的考查，2018年高考试题所涉及的热点包括两个方面：一是高三学年度发生的、能引起"现实问题的历史思考"的重大事件。二是某个重大历史事件在本年度是周年中的"5或10"，全卷特别突出了对"国史、党史、社会主义发展史、改革开放史"的考查。

第三，基于史学真实的唯物史观成为试题灵魂。2018年历史题以马克思主义唯物史观为灵魂，目的明确，方向毫不含糊。第24题肯定了人民群众是历史的创造者，第25题从藩镇的类别入手考查其对唐朝政治统治的辩证影响，第30题考查中国共产党原则的坚定性和策略的灵活性相结合的外交政策，第34题考查历史研究视角的多面性，第42题涉及对鲁滨孙行为及反映的历史现象的评价，第46题考查中共对二战性质的不同认识等。全部试题对时空观念均有明确的时间提示，或有直接数字提醒、或呈现历史概念提示、或以历史事件隐性提醒等，将历史必备知识置于明确的特定时空与历史背景之下，达到考查时代特征的目的，避免考生因时空错乱而影响考试水平发挥。史料实证与历史解释相互糅合与交融，齐头并进，史证意识浓厚，如第24题的"科技"，第25题的"藩镇"，第26题的"工匠"，第28题的"舆论"，第30题的"试探"等。同时还运用了大量的历史概念、历史现象和历史情境进行新的历史解释，如民营手工业、朝贡贸易、"一边倒"、人文精神、无产阶级革命、第三世界、村民自治等。家国情怀与培养能力双峰并出，滋养人生，主旨鲜明，第24题的劳动人民智慧，第25题的地方行政制度调整的积极影响，第30题的中国共产党外交政策，第41题的亿万农民伟大创举等。最典型的是第34题，以必备知识点英国工业的原因为切入点，基于解释者对史料、史观、立场和方法的不同选择，直接考查了史学方法与史学认识，隐性考查了史学真实的多元性。A项"只能有一种正确合理的观点"严重违背了史学真实多样化的观点，历史真相也可能不止一面，有可能有多面。正确合理的观点可能有一种，也有可能有多种。英国工业革命历史作为影响世界历史发展走向的重大历史事件，它的产生与起源一定是多因素共同联动的结果，绝对不是一个或一种历史因子的推动。C项"缺少对欧洲其他国家的观察"，与题目材料不相符合。虽然，材料表面只说了英国的情况，但这些说法隐含了与欧洲其他国家的比较，有比较才能分析出英国工业革命的起源。既有时间比较的"英国最早具备了技术、市场等经济条件"，也有政体比较的"英国建立了君主立宪制度"，还有自然资源比较的"煤铁资源丰富、易于开采"等。D项"后期学者研究比传统观点可信"说法，本身就是错误的，前期学者研究与后期学者研究各有千秋，各有可取之处。况且前期学者研究经济条件视角更接近唯物史观，应该说前期研究比后期研究更可信些，后期研究比前期研究更多元一些。因此，B项"随着研究视角拓展而趋于全面"说法才是正确选择。如果说随着研究视角拓展已经"全面"是不对的，但历史没有已经"全面"的史学真实，史学真实是在不间断地解释中前行，没有终点。

## 三、对未来广东省自主命制历史试题的启示

五年全国卷高考历史试题基于史学真实的追求，对未来广东省自主命制历史试题带来了以下几个方面的启示。

第一，未来广东卷命题专家依然会选择历史主干知识作为高考试题的基础与依托。一是它能对历史"主干知识"做出比较符合国家意志与要求的诠释。主干知识即是指进入高校学习学生应该具备的基本历史知识，特别是与高校课程关联十分密切的历史知识，如体现历史学科特点的一些方法、情境、情感、思维、思想、价值观、家国情怀、社会史、学术研究新动态与新成果等。如此，则试题的命制特别注重对历史学科的一些重要史料史实、基本概念和基本观点的多元化理解，提高学生对历史认识的高度或深度。无论是主干知识，还是学科的基础性，他们共同的依托就是历史学科的主干知识。当然，历史主干知识也不是简单或纯粹意义上的教材知识，也不是单纯的课标与考标，它是立足课标与考标基础上的课程知识、常识性知识、事实性知识、结构性知识等，是对历史主干知识的准确理解与深度解释。二是考试大纲所规定的主干知识，其历史学真实的风险性相对比较低。三是选择必备历史知识是保障高考命题公平公正的最佳选择。因为直奔历史主干知识的直接命题，不但不能体现命题者的命题智慧，更不能有效考查学生的知识、能力及素养水平。

第二，那些体现历史发展趋势、紧追时代步伐、把握时代脉搏，以其强盛的生命力和鲜明的现实感召力的历史主干知识与热点，往往是未来高考命题青睐的对象。正如国家考试中心主任姜钢在其公开发表的文章中明确提示："历史可考查学生的唯物史观，通过古今中外对比，指引学生感悟中华文明的历史价值和现实意义，增强爱国主义情感，认识世界历史发展的总体趋势。""考查中国优秀传统文化，不是不要简简单单地考查死记硬背的知识，而是要遵循继承、弘扬、创新的发展路径，注重传统文化在现实中的创造性转化和创新性发展，从而实现考试的社会意义和现实目的。"教育部考试中心助理研究员徐奉先在《恢复高考40年历史学科考试命题评述》一文说得更加直白："弘扬社会主义核心价值观；传承中华优秀传统文化；重点考查国史、党史、社会主义发展史、改革开放史。"相信未来高考历史试题依然会从"从时政热点入手，

巧妙介入长效热点"，让时政热点成为高考考查长效热点的切入点，这不但会
增强考生对历史的洞察力和对现实的使命感，而且还有利于立德树人根本任务
的高效达成。继续在创设题目意境和社会背景材料的基础上，强调考查社会热
点与主干知识的有机结合，让时政热点在曲径通幽中隐性介入长效热点，通过
寻古式隐性介入、同质式隐性介入、提前式隐性介入、延后式隐性介入、三
角式隐性介入、外应式隐性介入等六种隐性介入形式实现未来"新粤卷"的
精彩。

第三，历史史实浩如烟海，高考命题专家撷取其中的少部分以高考试题的
形式呈现并赋予其解释的意义。没有命题人员对史料史实与历史解释的选择、
编排和阐释，就很难完成高考试题的选拔功能与养育功能。当然，不是所有的
历史都能成为历史事实，只有经过史学家们的解释并赋予其意义后才能成为可
资借鉴的历史知识。不是所有的历史知识都能成为高考试题，只有通过命题专
家对历史进行第二次解释，并赋予其考查功能与养育意义后才能成为高考题。
因此，历史试题的命制过程其实就是命题专家与历史事实连续不断地互动过
程，也是命题人对已经形成的历史解释进行又一次解释的过程。如果把史料史
实看做第一次历史解释的话，那么，命题专家的命题过程就是对史料史实进行
的第二次解释，第二次发掘其意义，这也是高考命题专家再次赋予历史生命的
另一种方式。那些真实可信的且具有教育意义和养育价值的历史主干知识是高
考命题专家青睐的、显性的、具有强烈导向性的史学明珠。

第四，未来高考历史试题是高考命题专家通过试题形式所表达的一种史学
真实，他们在确定与选择史料进行命题的过程实际上就是一个重新阐释史学真
实的过程。

阿隆认为"死人留存下来的意义只能靠活人去阐释，去理解，于是死人
也就又活过来了"。2018年的高考试题在立足教材必备历史知识的基础上，命
题专家独具慧眼，从浩繁的史料中选取那些对学生成长、成人、成功、成材所
要求的能力培养与必备品质具有较大教育价值的史料，通过补充和完善教材的
"滞后、错达、未达"之不足，并通过试题把历史学转化为历史教育。在历史
学真实的基础上，选取和运用那些对学生成长具有典型教育意义和重大养育价
值的历史学真实史料史实，去拓展学生的视野和高度，为培养和提高学生能

力、滋养学生'必备品质'和健康成长服务。当然，2018年高考历史试题中的历史解释之"史实确认"与"意义阐释"并不是独孤而单立的两个环节，而是两个互相影响与交错重叠、交融共生的"一对冤家"。一如雅斯贝斯和李剑鸣所说的那样："就精神而论，我们只能通过对意义的理解来领悟事实……理解虽然在经验上依赖于各个独立论据的积累，可是单单通过这些论据绝对产生不出历史解释。""史家对史事的了解，需要通过把握它的意义才能完成；在理解众多相关史事的意义之后，他就能看清更大历史过程的明晰画面。许许多多零星的史事，只有借助意义这种'胶水'，才能粘合成一个整体；成为一个事实集合体以后，史实的意义才能更加清晰地显现出来。""对这类事实集合体的意义阐释，可以采取追溯起源、探讨因果、分析趋向、说明影响、判定地位等形式。"

中学历史教材由于版面字数的限制与相对稳定性的影响，很难把一件历史事件和历史人物讲述完整清楚，容易割裂长时段历史的前因后果，这在客观上给学生带来了对历史知识的认知不足、缺陷和片面。广东未来高考历史考卷会打破教材专题的顺序，突出其综合性，不断挖掘历史事件或历史人物的深度和广度，尽可能多地关注史学界对它的新评价或研究新动向，为考生提供多元历史解释，让每一个进入考题的历史知识点能"贯穿古今"或"关联中外"。不断通过高考试题"补教材之遗缺、纠教材之谬误、医教材之滞后、明教材之模糊、导教材之未达、增教材之多元"，实现有机融合，全面系统、长时段观察历史。

第五，未来高考历史试题会基于核心素养的需要，通过描述过去的变化与成因，建构新的史学真实来养育考生。这也是历史试题最重要的目标与追求。新的高考试题会通过解构或重构历史不同史实史料之间的联系，阐释其变迁及原因，在试题中构筑了科学合理的因果逻辑关系，形成了自己的历史解释与历史认知。因此，建构新的历史解释是历史高考试题命制最重要的目标与追求，考生也需要在命题者重构的史学真实（这种新的历史解释是相对于教材而言的）中来认识、感知、理解过去，特别是历史的精神世界与家国情怀。

第六，未来广东省自主命制的高考试题的历史学真实性是值得考生信任的，一般不会出现问题。一是高考历史命题是由国家出面组织的专业人员的专业行为，专业人在做专业事，是国家行为。二是信任历史命题人员的专业素养、专业品质、专业态度、专业精神与专业能力。如同人病了就去医院找医生一样，一般不会去找兽医来医治自己。三是高考命题专家所选用的历史解释一般都是史学界公认的事实或解释，真实性有较大争论的历史解释一般不会进入高考题。未来高考新粤卷一定是基于丰富可信的史料史实、基本形成共识的历史解释、严密论证的逻辑、命题人员的精湛水平与他们严谨的史德史才史识等多重因素的组合交融与共同构筑的。

综上所述，未来的新粤卷会如同全国卷一样，让历史试题因史学真实而崇高。既会有试题材料呈现与解读及问题设计的重新建构，也会有历史解释的综合性和多元性；既会有从规律处设问的优秀，也会有注重历史中人的卓越。其史料采用会具有可靠性与公认性，史料运用会具有合理性与充分性，史料论证会具有逻辑性与科学性，历史解释会具有多元性与价值性，会继续让立德树人与富养学生在基于历史学真实的基础上落到了实处，真史育真人是未来试题的不二追求。

**参考文献：**

[1] 李剑鸣.历史学家的修养和技艺［M］.上海：上海三联书店，2007：83.

[2] 李剑鸣.历史学家的修养和技艺［M］.上海：上海三联书店，2007：83.

[3] 李剑鸣.历史学家的修养和技艺［M］.上海：上海三联书店，2007：76.

[4] 李剑鸣.历史学家的修养和技艺［M］.上海：上海三联书店，2007：84–85.

[5] 李剑鸣.历史学家的修养和技艺［M］.上海：上海三联书店，2007：86.

[6] 姜钢.坚持以立德树人为核心深化高考考试内容改革［J］.中国高等教育，2015（12）.

[7] 徐奉先.恢复高考40年历史学科考试命题评述［J］.中国考试，2017（10）.

[8] ［法］雷蒙·阿隆，西尔维·梅祖尔.论治史［M］.冯学俊，吴弘纱，译.北京：生活·读书·新知三联书店，2003：185.

[9] 何兆武.历史理论与史学理论［M］.北京：商务印书馆，1999：682.

［10］李剑鸣.历史学家的修养和技艺［M］.上海：上海三联书店，2007：280–281.

［11］李剑鸣.历史学家的修养和技艺［M］.上海：上海三联书店，2007.

［12］毛经文.基于长时段大时代的主题式命题——2017年全国文综1卷历史题的变化与启示［J］.历史教学，2017（8）.

# 时空观念在"长""大"中主宰试题

## ——以2017年全国文综1卷历史题为例

五年全国卷在立足某个具体时间点所对应发生的历史事件的基础上，逐步走向了以长时段与大时代所对应的主题式史实为依托，让时空观念等核心素养在长时段大时代的主题式命题中更加完整，并主宰了全部高考试题。既服务了高等学校选拔人才和指向中学历史教学，同时也落实了以史育人的最高目标。基于长时段与大时代的主题式命题成了五年全国卷历史试题中的一道靓丽风景。现以2017年全国1卷历史题为例，进行规律性分析。

## 一、主题式命题是长时段大时代变化的"载体"

主题是试题命制的主旨。任何历史主题（如单元主题、模块主题、学科主题、学习主题等）都有时间维度与前后范围，当主干知识被整合为某一主题知识与主题思维或主题素养时，长时段与大时代中的主题式命题就成了今年高考试题的特色。主题式命题只是重出江湖，立足于长时段与大时代却是命题者的匠心与创新，主题式命题成了命题者选用长时段与大时代的"载体"。

高考试题从关注时间点走向关注长时段与大时代，主要是利用历史现象之间的关联性，并赋予这些主题新的现实意义和社会意义。2017年整套历史1卷以"国家统一"为大主题，并带有四个分主题（或称四个小主题）。即试题在"国家统一"这个大主题统摄下，所有试题分为反对分裂保障统一、合作与反对强权维护统一、经济发展与交流奠基统一、文化交流认同统一等四个小专题，这不但映照了香港回归二十周年这个时政大热点，还集中对考生进行国家统一的爱国主义教育。

立足于长时段大时代时间维度的高考试题以某一个服务现实的大历史主题为核心，配之以多个精妙的小主题。通过大主题带多个小主题的形式，不但补教材之遗缺、纠教材之谬误、医教材之滞后、明教材之模糊、导教材之未达、增教材之多元。而且会重点体现在三个方面：主题视角下对主干知识的归类与综合、唯物史观主导下的对主干知识的多元视角、在归类与综合中实现对主干知识的多元视角。虽然今年高考试题主要体现在"主题视角下对主干知识的归类与综合"上，相未来高考命题也会从第二三个方面大做文章。

## 二、长时段大时代的主题式命题让素养养育在试题中更加突出

历史发展具有一定的阶段性，十年几十年或可称为长时段，上百年或可称为大时代。在这个长时段与大时代中，每一个民族、国家或地区，又或者每一个行业和领域，都会自觉或不自觉地生成一个个突出的历史主题。当这个突出的历史主题占据某个时段或某个时期的主流地位时，它就成了具有典型意义的大时代，也就是我们通常所说的历史阶段特征。今年的高考试题正是从这一点上下足了功夫，让时空观念等核心素养在长时段与大时代的主题式命题中更加完整，素养养育更加突出。其对历史核心素养与思维能力的考查和对考生的素养养育主要依托于长时段大时代主题式命题的四个组成部分。

第一，依托具体历史事件的长时段发展历程。

立足于长时段考察具体历史事件的发展历程，让考生更容易了解到历史叙述的完整与全面，突出历史变化的前因与后果，把握历史发展的规律与趋势，进一步理解历史存在的价值与意义。如第25题考查了西汉郡国制度90年的演变，第27题考查了明朝饮食器具使用规定200年的变化，第33题考查了英国国民收入与工人收入70年的对比变化，第32题考查了百年人文主义思想形成渊源，第34题考查了苏联经济发展30多年长时代的隐性变化，第35题考查了二战后七国集团演变成二十国集团的20年变化，第45题考查了新中国工资制度改革30年的变化。

第25题从汉朝廷直接管辖的郡级政区90年变化表入题，考查了西汉中央集

权加强与变化，说明西汉朝廷解决边患的条件更加成熟。不但考查了政府打击边疆侵扰势力、维护国家统一的坚强决心。而且直指"时空观念"与"史料实证"两大素养。前者是事物与特定时间及空间的联系在一起的观察与分析，后者是可信史料基础上的重现历史真实的态度与方法；并以正确的价值取向、价值担当和价值引领帮助学生认识、认同和理解不同的政治类型、解决不同政治问题的政治智慧。

第34题从美国等国对苏联的遏制政策未能阻止苏联经济的发展入题。本题是一道漫画题，漫画标题"又是斯大林格勒"，隐性给出的长时段是从第二次世界大战中的斯大林格勒保卫战开始的，影响世界时间跨度长达三四十年之久。第35题从世界格局变化20年长时段冲击旧的世界经济秩序入题。前一题隐性照应了十月革命爆发一百周年，后一题隐含一带一路共谋发展热点，让历史映照现实。

第二，整合特定时段内某一类主题史实。

特定时段内以某一主题整合同类史实从时间标准上来说，有长时段和大时代两个方面。长时段是通过对某一个长时段大量的基本史实进行综合分析、去粗取精、去伪存真、由表及里、由此及彼后，逐步分析出这个长时段历史主题的主要特征。如第41题。大时代是对多个长时段的历史进行归纳和总结，让众多个长时段历史组合为一个大时代，这个大时代的时代特征，就是考试试题经常需要的历史阶段特征。如第42题考查了中外历史几十年甚至几百年的对比变化，是贯穿古今、关联中外的大跨度宏观通史。

第41题，立足长时段和大时代的历史阶段特征，准确考查学生准确理解历史概念的能力，多维度把握历史概念内涵与外延、本质和规律。第42题，不但比较好地借助了长时段大时代的历史阶段特征，让考生能较快寻找恰当的切入角度，增加了试题比较的效度，避免了比较盲点的出现；而且还较好地体现了家国情怀与世界意识。

第三，四个备选项巧妙隐藏着长时段与大时代。

有的选择题题干虽然没有涉及时段时代，但四个备选项隐藏着长时段与大时代，这种隐性干扰往往是最有效的史实干扰，也是今年试题陷阱多与巧妙的主要表现形式。

如第24题从考商周时期的政治制度分封制推动了文化的交流与文化认同入题，弘扬中华民族国家统一的优秀传统文化。明考文化交融，隐性考查与养育的却是国家统一意识的强化与巩固。题干虽然没有直接给出一个长时段与大时代，但四个备选项所涉及的时间跨度是从夏朝到明清四千多年的长时段与大时代，时段干扰比较明显。第30题从陕甘宁边区政府抗日政策的变化是为了适应民族战争新形势的需要入题，本题与第26题一样，虽然题干只有时间点，没有时间段，但试题的四项备选项时间差在四十年以上，有一个典型的长时段。

第24、25、26三道题不但考查了史学理论中的时空观念、历史叙述与历史认识论，而且还考查了以史料为依据，对历史事物进行理解分析和客观评判的史料实证与历史解释素养。这进一步突出了历史问题的现实思考，关注国家统一热点，具有鲜明的价值导向性、价值担当性、时代性，让爱国主义思想通过高考试题中教育无痕、养育无声。

第四，不同历史叙述者的差异与历史本身的空间差异。

不同历史叙述者对同一历史事件的叙述有一定的差异性和主观性，或者是地域不同造成历史本身发展也有差异性与不平衡性。前者如第26题从唐军与薛举在泾州作战失败入题，直接考查的是史学方法，但隐性考查的史实是唐初的大统一与不可逆转。试题是不同史籍对唐武德元年同一史实的历史叙述，事件本身有一个时间节点，无法构成一个时间段，但记载这一历史事件的两部史书《旧唐书》（成书于公元945年）和《新唐书》（成书于公元1060年）却相距一百多年。时间上的长时段让两部史书在叙述同一件事件时有了一定的差异和各自的主观色彩。后者如第29题从近代影响留日学生区域分布不平衡的主要因素是地区经济文化水平与开放程度有别入题，考查的是在同一个时段内同一件历史事件在不同空间不同表现的原因。

虽然第31、46、47题的长时段大时代特征不明显，但围绕国家统一这个大主题的主题式命题却十分明确，核心素养考查与养育丝毫不亚于任何一道题。把这一体现历史发展趋势、紧追时代步伐、把握时代脉搏，具有强盛的生命力、鲜明的现实感召力和长时段改革特征的主干知识点巧妙纳入了考查历史解释素养的范围。第46题利用中美两国政府通过《开罗宣言》，回应现实中的台湾问题，绝不允许任何人或任何机构组织去触碰台湾自古以来就是中国领土这一原则底线。第47题既是人物评价题，又是传统文化题。如果从人物评价的视角去点评的话，就应该把季礼放到长时段大时代中去考察与评价，利用历史阶段特征作为评价标准和价值取向，科学地、历史地、一分为二地评价季礼这个历史人物。如果从传统文化的视角去观察季札的话，他出访中原诸国，是作为儒家文化的传播者，从而推动了中原文明在江南的认同与发展。

## 三、长时段大时代中的主题式命题对中学历史教学与未来"粤卷"的启示

2017年的高考试题从时间点走向了长时段与大时代，进一步强化学生大历史的时空观念等核心素养，延长教材上对某一具体历史事件叙述，通过史料对相关历史进行时间进程上的延展，形成比教材叙述更完整的历史叙述，更加突出历史变化与发展的前因后果、规律与阶段特征；进一步了解历史发展过程中的时间逻辑，或用分期、分段、分地域、分国家、分民族的方式来描述和认识人类过去的发展，考察与理解它们存在的意义。长时段与大时代的主题式命题对中学历史教学与未来粤卷有以下几个方面的启示。

第一，高考历史试题已经从时间点看历史考历史走向了从时间段看历史考历史，即从微观走向宏观，是历史阶段化与特征化的表现，也是一个历史阶段明显区别其他历史阶段的特殊之处。它可以让命题者重新整合和抽象某一阶段历史的千变万化，形成质量更优、结构更好、系统性更强、逻辑更合理、能力提高更快、素养养育更丰厚的历史知识系统。可以肯定，长时段与大时代历史可以更快、更高、更长地考查学生掌握历史知识的程度、获取历史知识的方法、提高历史思维的品质、创造性地运用历史知识解决实际问题的能力、丰厚始终做好人善人的核心素养。

第二，多个长时段的历史特征构造了一个大时代的历史阶段特征，多个历史知识小群体共同筑成了每一个大时代的历史知识体系。考生只有在唯物史观的指导与引领下，深入其中，探寻时段与时代的联结点，揭示它们之间隐性结构关系；既知其然，又知其所以然，熟练运用和内化历史知识。

第三，长时段大时代历史阶段特征的变化已成为高考历史试题的关注点，它包含三个方面的史学逻辑：一是本时段与时代的历史特征是怎样形成的，原

因是什么；二是准确描述本时段与大时代的历史特征的发生发展与消亡过程；三是本时段与大时代的历史特征为什么会被另一个时段或另一个时代所替代。一个长时段大时代的历史阶段特征形成不是无缘无故出现的，也不会凭空消失。历史从一个阶段走向另一个阶段一定是多种因素积聚的结果，只是这些原因与因素有主次之分、内外之别。长时段与大时代历史阶段特征的形成与消亡都是历史发展本身综合联动、交融共推的结果，教师应帮助学生深层次认识长时段与大时代历史特征的统一性、多样性和发展性。

第四，长时段大时代的变化发展不等于完全消亡或消失。一个时代的历史特征被另一个时代历史特征所替代，只是主流地位发生了变化；并非完全消亡，他们也许被淡化，也许被异化，但从未消亡或离去。因此，学生在复习历史时不能割断历史，来有踪，去有影，这是历史的规律。追踪长时段大时代历史阶段特征的不同走向、不同归宿、不同命运，深层次认识历史发展的连续性、复杂性与曲折性。

第五，高考历史试题考查时间从点到段的转变应该注意科学性、完整性、权威性和动态性。一是长时段大时代所选的历史事件具有科学性。这种科学性体现在历史学科考试试题中，具有无可争辩的真实性，历史题所涉及的史实也因真实而崇高，史实之真是高考试题的生命底线。二是长时段大时代历史事件的选取要具有完整性，时段与时代的确定与划分应该以历史事件发生、发展和衰亡全过程为标准，对历史的叙述要具有系统性，不能随意拆取其中一段，不能以偏概全、以点概面。三是长时段与大时代的划分选取还要具有一定的权威性，特别是大时代的选取与划分，应该是史学界公认的。还处在较多争论阶段的长时段和大时代，应该是高考命题的"慎用药方"，不可常用之，或率性而为。四是要对长时段大时代的历史进行动态分析，避免走入机械的、肤浅的、低层次的浅表阶段。要以内化学生的能力和素养为目的，多层次多角度培养能力，全方位宽领域养育人生。

第六，重视历史发展过程中的长时段、大时代宏观历史，充分发挥其对考生时空观念等核心素养的养育作用。一是认识任何事情都需要建立在长时段、大时代基础上，这样更能认识其本质规律。二是时、空、事三者共生相机，历史事件一定发生在特定的时空中，过去的时空，一定有很多我们已知和未知的事情发生了。时间到了，空间也具备了，我们就应该做完我们应该做的事情，要理解世间有很多事情不能错过一定的长时段、大时代与大空间。三是要善于把握事物在不同的时间和空间里意义是完全不一样，效果和影响也可能是截然不同的。四是掌握事情发生的、发展乃至整个进程的长时段与大时代及地理环境，按照事件的时间顺序和空间因素，建构起人、事、物和现象之间的相互关联性及因果关系，并能正确理解事物的变迁、延续、发展、进步等意义，正确对待自己人生过程中所遇到的人和事，或对整个社会的人和事都能做出正确而且合理的解释，并且能够与之恰当相处、相生、相宜。

如中华人民共和国史已有七十多年，在中国近现代历史上占有极其重要的地位。教材对这段历史有专门章节，是我们进行爱党教育、爱社会主义教育、爱国主义教育的重头戏，要运用马克思主义唯物史观帮助学生全面、客观、辩证、正确认识这段历史。从时段上来看，宜长时段和中时段，不宜精细；从历史逻辑上来看，宜宏观和中观，不宜微观；从历史内容上来看，宜粗大不宜细小。

参考文献：

[1] 王顺生.《纲要》教材下编教学需要处理好的几个关系 [J].思想理论教育导刊，2011（6）：34—36.

# 历史试题因历史解释而富养

## ——以2018年、2019年全国文综1卷为例

历史多如繁星，高考命题专家只是撷取其中的一小部分以高考试题的形式呈现并赋予其解释的意义，以实现历史学意义上的立德树人与考试育人。不是所有的历史解释都能成为高考试题，只有经过命题专家再次解释并赋予其意义后才能成为可资借鉴的历史试题。2018年和2019年的高考历史题正是基于对多元历史解释的采撷而富养考生。

## 一、高考历史试题是一种历史解释

高考历史试题是高考命题专家通过试题形式所表达的一种历史解释，他们在确定与选择史实史料进行命题的过程实际上就是一个重新解释历史的过程。

两年的高考试题在立足教材必备历史知识的基础上，往往是从浩繁的史料中选取那些对学生成长成人成功成材所要求的能力培养与必备品质具有较大教育价值的史料组合而成的。现行历史教材很难把一件历史事件和历史人物讲述完整、清楚，近年的高考试题恰恰在这一点上尽情展现了自己的追求与导向。打破教材专题的顺序，突出历史发展趋势，在史学研究新成果的长度、宽度与高度上，尽可能多地为考生提供多元历史解释，让每一个进入考题的学生和历史知识点能"贯穿古今"或"关联中外"；不断通过高考试题"补教材之遗缺、纠教材之谬误、医教材之滞后、明教材之模糊、导教材之未达、增教材之多元"，从而实现有机融合。2018年第41题考查乡村治理，这部分内容本属于政治史课本的内容，但设问求答却关联了高中历史三本必修教材的内容。政治

上的古代君主专制、近代民族危机、现代民主政治；经济上的小农经济、民族资本主义、改革开放；思想上的儒家思想、理学教化、西学东渐等。又如第42题的材料是文学作品《鲁滨孙漂流记》的"故事梗概"，故事背后反映与考查的却是宏大的历史背景及其相互关联：政治上的早期资产阶级的出现、新航路开辟、殖民地扩张，经济上世界市场开始出现、经济全球化启动、殖民扩张、黑奴贸易，思想上的文艺复兴、宗教改革等。

## 二、 两年高考历史试题养育考生

两年高考历史试题基于核心素养的需要，通过描述历史的变化与成因，建构新的历史解释来养育考生。

究天人之际，通古今之变与求事物变迁而明其因果是命题专家永远不变的追求与情怀。他们通过解构或重构历史不同史实史料之间的联系，在科学合理因果逻辑关系的基础上，建构了试题本身对历史的解释与认知。考生需要在命题者重构的历史解释（这种新的历史解释是相对于中学教材而言的）中来认识、感知、理解历史。例子同上。

## 三、 三种历史解释交融共进于高考试题

两年高考试题中的历史解释主要有相互交织的三种模式。这三种模式相互交织在一起，共同演绎着高考试题的精彩。一是叙事性解释，通过叙述事件的过程进行历史解释。二是理性解释，注重人类行为背后的思想动机或理性逻辑。三是规律性解释，借助规律或定理公理甚至是常识来解释历史现。由于这种被解释的历史是无法验证的推想与假说，高考试题中的史学真实有两个不可逾越的底线：一是任何史学真实都只是其中之一，史学真实永远没有终点。二是我们可以运用某种规律、公理、常识等来解释历史，让其生成无数个史学真实，但任何一个史学真实或史学真实的聚合体都无法也不可能成为史学真实的终结者。

正是对史学真实的多元化理解与运用，让2018年的高考试题继续在思维定式的突破上下功夫，继续围绕必备知识挖掘了一些不同的视角和切入点，找到与教材叙述不一样的史学真实，颠覆学生的固化认知，对培养学生的对历史

事件的逆向思维与全面思维起到了一定的作用。2018年的第27题。命题专家基于学生现有的知识逻辑：安史之乱之后的藩镇割据削弱了中央集权，导致了社会动荡、政局混乱，是唐朝后期由盛转衰的主要原因，最终使唐朝走向灭亡。但藩镇割据也有不为学生知道的另一面，即安史之乱之后，唐代并没有废除藩镇这一制度，而是继续让其延续了一百多年，说明这一制度不全是缺点和负面影响。恰恰相反，它是当时唐代管理地方或边疆的一种现实选择，抑或是一种妥协的政治智慧，对防止边疆民族骚乱和各地农民暴动有一定的抑制作用。同时，藩镇之间的相互存在与相互制衡，有效避免了藩镇的骄横和对中央政权的威胁，有利于维护和延续唐朝的统治。像这样追求多元化历史解释与突破思维定式的典型题还有，第30题英、法、美的外交"试探"，告诉考生西方列强并非一开始就想孤立、封锁、包围新中国，中国的"一边倒"政策是有其深刻的历史渊源的，这有助于改变学生的惯性思维。第34题对英国工业革命发源地的原因分析，随着研究的深入与史学新成果的出现也逐渐地从经济技术因素，延伸到政治因素和自然条件等。

又如2019年全国文综1卷历史选择题第25题所呈现的历史解释。对未来新粤卷历史试题同样具有样本意义。

25：汉武帝时，朝廷制作出许多一尺见方的白鹿皮，称为"皮币"，定价为40万钱一张。诸侯王参加献礼时，必须购皮币用来置放礼物，而当时一个"千户侯"一年的租税收入约为20万钱。朝廷这种做法（　　　）

A. 加强了货币管理　　　　　　B. 确立了思想上的统一

C. 削弱了诸侯实力　　　　　　D. 实现了对地方的控制

答案：C

### 1. 走正道：拓展方能补缺遗

高考历史试题不但要完成"选才"的任务，同样要承担"立德树人"的使命。但由于历史教材篇幅的限制和采用史学新成果的相对滞后，它所呈现的历史知识基本上都是片段式的。因此，通过高考试题适当补充与拓展教材上的历史知识，不仅可以弥补教材的不足与不确之弊。还能让历史在应试中，打破思维定式、打动人心，与考生形成共鸣式心灵对话。

第25题涉及汉武帝，教材对他的叙述比较简略。正是基于教材的不足与空白，高考试题在此处便有了进一步发挥的空间。汉武帝是中国历史上的伟大皇帝之一，他开创了西汉王朝的鼎盛繁荣时期，成为当时世界上最强大的国家之一，同时也是中国封建王朝中第一个发展高峰期。他雄才大略、文治武功。为巩固专制主义中央集权，汉武帝采取了一系列措施，"外事四夷，内兴功利"。高中历史教材只讲了其中的小部分。政治上建中朝，置刺史，设司隶校尉，行推恩令，察举选才。经济上盐铁官营、改革币制、颁布"算缗"、"告缗"令、"均输"、"平准"、移民屯田、行代田法等，思想上罢黜百家，独尊儒术，创年号，兴太学。于外从无为到有为，并朝鲜，吞百越，征大宛，破匈奴，开丝路，等等。大树皇权之威，维护中央集权与国家统一。在积极大为中，不但把文景之治累积的社会财富几乎消耗殆尽，还让帝国财政处于崩溃边缘。如何解决财政危机成为当务之急。而此时，一些富商大贾占有大量财富，生活奢华无度，不但"不佐国家之急、黎民之苦"，而且趁火打劫，大发国难财。为解决财政危机，汉武帝祭出上述组合拳，征富济国，打击商人，稳定物价，增加财税收入。颁行白鹿皮币与白金三品，仅是汉武帝整顿经济组合拳中的"一拳"而已，这一拳也只打了大约五年时间。不但缓解了国家财政困难，同时也加强了专制主义中央集权，一箭双雕。对于考生而言，白鹿皮币与白金三品都是教材的盲点与冷点，高考试题通过对这一盲点的关注与拓展，让冷点一跃成为热点，这也是未来高考命题始终追寻的正道。

## 2. 行主道：探寻因果彰美善

由于篇幅的限制，即便是必备历史知识，教材也无法厘清其来龙去脉与前因后果，很难对错综复杂与博大精深的历史做出科学全面、清晰准确地叙述和评价，有些甚至模糊不清。当高考试题立足于必备知识之上澄明历史之模糊时，试题的养育价值与教育意义就会呈现出倍增效应，富养学生核心素养才会有更多机会落地生根。

白鹿皮币，历史教材上完全没有涉及，高考试题通过运用新材料、构建新情境、设计新问题、形成新观点的策略，在依托教材的基础上，实现了对必备历史知识的拓展，从而丰富学生历史知识，达到富养学生核心素养的目标。

关于白鹿皮币，有四个方面要澄明历史知识之模糊：一是为什么是鹿皮而不是其他动物皮？主要原因两个：其一，西汉时，老百姓没有资格养鹿，养鹿是犯法的。只有天子与王侯贵族的狩猎园或花园才可以养鹿，主要是供天子和贵族休闲狩猎时用，养鹿的数量多了和时间久了，鹿群在繁衍过程中，发生了遗传变异现象，出现了罕见的珍稀白鹿。而且可遇不可求，无法人为仿制，用白鹿皮作币材十分合适。其二，珍贵稀少的白鹿被皇上定义祥瑞之物，《史记·孝武本纪》记载："天子苑有白鹿，以其皮为币，以发瑞应。"

二是鹿皮为何要白色的？这里有两个原因：第一，白色是汉朝的国色，以白色为尊，而白色属五行中的金，如同秦朝尚黑一样。中国古代每个朝代与五行是息息相关的，都有相应的五行属性；朝代的兴衰，也是五行的相生相克与兴衰。赢秦灭周是木克土之应，"秦"字下有"禾"是属木；赢字属水，姬昌之昌字属火，以水克火。后刘邦建立西汉，五行属金。虽然"汉"字属水（水水相得益彰，故汉多承秦制），但"刘"字，繁写有个"金"字属金，金可克木，所以刘邦平秦灭楚（木）。第二，那里能买到白色的鹿皮？物以稀为贵，白色鹿皮十分珍稀，价格昂贵。《史记·平准书》载："以白鹿皮方尺，缘以藻缋，为皮币，直四十万。"关键是这种白鹿皮，只有皇家才有买，是朝廷独家发售的，数量有限，且严禁私造。宗室诸侯们要觐见皇帝，就必须要花四十万钱向朝廷的造币机构购买，然后用皮币包裹礼物一起进献给皇帝。在汉代，有一个传统礼仪，规定每逢重大节日，宗室与王侯等都要进献玉璧，玉璧之下有一个皮垫包裹，以示恭敬。外包装可以是毛皮制品，也可以是帛、丝制品，甚至其他亦可，没有严格的统一规定。但汉武帝却统一规定：皇室宗亲和诸侯朝觐皇帝呈送礼物时，要用白鹿皮包裹玉璧。只有这样，才符合朝廷规制和皇上要求。如此一来，进贡者必须花四十万钱重金购买白鹿皮币包裹价值几千元的玉璧才算有诚意向皇上表达敬意和忠心。《史记·平准书》记载："王侯宗室朝觐聘享，必以皮币荐璧，然后得行。"

三是白鹿皮包装皮真的值40万钱吗？40万钱，在当时是个什么概念，究竟价值几何？据《汉书·货殖列传》记载："封者食租税，岁率户二百。千户之君则二十万。"有封地的人享受租税，即受封千户的诸侯，按每年每户缴纳200钱计算，年租税总收入是20万钱，相当于千户侯两年食邑的总租税收入。放在文景时期，如果30～35钱可卖一石谷的话，可折算谷物约150万斤。

四是宗室与王侯愿意购买吗？强买白鹿皮币的明火执仗，让宗室与王侯们怨声载道，推行过程阻力巨大，汉武帝问询于主管财政经济的大司农颜异："今王侯朝贺以苍璧，直数千。而其皮荐反四十万，本末不相称。"后来有人举报颜异有异议，张汤审理此案："（颜）异与客语，客语初令下有不便者，异不应，微反唇。（张）汤奏异当九卿见令不便，不入言，而腹诽，论死。"张汤认为颜异嘴上虽然没说，却心怀不满，暗中发泄，罪该死。"腹诽"一词便由此而来。

汉武帝时期强制发行的白鹿皮币，对打击诸侯王、解决国家财政困难、加强专制主义中央集权有一定的积极作用。后来，白鹿皮币大约推行了五年，后因流通不广而取消。因此，它不是真正意义上的货币，但可以看做是中国纸币的前驱与滥觞，其出现是汉武帝在国家财政十分困难情况下的应急之举，主要目的是在敛财基础上为国家裕财，增加国家财政收入，缓解国家经济困难的。

**3. 施王道：育能养品助成长**

反复研品以第25题为代表的高考1卷历史题，我们不难发现，高考历史试题的主要功能不但要承担人才的分层与选拔的任务，同时还要发挥其不可或缺的育能养品作用。能力可以分大小，但通过考试进行毓德养品却没有高低大小之分，把题做对受教育，把题做错也同样受教育，正如杨宁一教授所说的"每一次考试都是一次再教育的过程"。因此，扬史学之善美、涵养学生成长已成高考试题之王道。

第一，家国情怀是高考试题"培养什么样的人"之圭臬。

无论是中学历史教育教学还是高考试题与应试，家国情怀都是落实家国情怀、回答"培养什么样的人"之圭臬。家国情怀是养育人的精神食粮，以滋养学生成长为主要目的。具体落实到中学历史教育与应试中，就是利用历史学科把学生养育成一名合格的共产主义事业接班人。

2019年高考历史试题从家国情怀的养育内容上来说，有三个方面的主体内容。

一是必备历史知识和对它的拓展与深化，重在国之情怀。如第24题"王位继承方式变化"题、第29题"革命"一词变化题、第30题"阐释中国革命性质"题、第31题"工业化建设需求迫切"题、第41题第2问、第42题小论文题、第45题改革史题等。

二是以地方史（如省区史、地市史、县史、乡镇史或市辖区级史、村组史或居委会史、个人史等）特别是家庭史为重点内容，重在家之修齐。如第24题"王位继承方式的变化"，既是国史题也可以看做是家庭史题；第26题荆楚民间"拔河"地方史题、第27题"东昌府"地方史题、第28题"川沙县"地方史题、第47题"刘源张、李四光"个人史题等。

三是去别人家那里看看、学学，他山之石，可以攻玉，关注他国他人之国史、地方史、家庭史，以资丰富和平行反哺家国情怀之养育内容。如第32、33、34、35题，均是他人国史题，第41题第1问中美英日四国钢铁产量变化表，第46题战争和平题等。

第二，流水的史实，铁打的滋养；换汤换药不换碗。

在每年高考试题中，考查的具体历史知识是不同的，但无论"流水"的历史细节怎么变换，"铁打"的必备历史知识（即主干知识）与对考生的滋养却永恒不变。一些方法、情境、情感、思维、思想、家国情怀、价值观、社会史、学术研究新的动态与新成果等，依然是高考试题的基础与依托。变的是历史细节，不变的是素养滋润。

第三，历史教育与高考试题既要养才子，更要养君子。

历史教育应该从培养精英人才走向滋养所有人的人生，为所有人服务，育人比育才更加重要。才重"三力"：创造力、分析力、领导力，它的标准是成功、成绩、成就。人重"三观"：世界观、人生观、价值观，它的标准是自由、幸福、快乐。因此，当代历史教育的重点逻辑是以人生幸福为中心，而不是以人才卓越为标准，人是第一位的，才是第二位的，成人比成功重要，成长比成才重要。当历史学科主要用于养育学生人格和人文精神时，高考试题则不能置身局外，它同样以自己独有的方式在学生人生的关键节点上滋养他们的未来。

今年的高考试题正是从这一点上进一步帮助学生去完成从小爱到大爱的嬗变。整套试题都在滋养学生要先学会爱自己（珍爱生命、养育必备品格），只有在学会爱自己的基础上才能爱家、爱家乡、爱国家、爱社会主义制度、爱天下、爱世界。并助推学生完成从小我到大我的四种角色：做一个身心健康的自然人，做一个人品高尚、三观正确的社会人，做一个"对自己国家持有高度认同感和归属感、责任感和使命感"的国家人，做一个具有世界眼光和世界胸怀、关注人类前途命运、和谐相处并珍爱自然界的一切生命、了解世界发展趋势、理解各国优秀传统文化、尊重文明多样性的世界人。因此，今年的试题在既养才子又养君子上下足了功夫。试题立足于立德树人，以"拓展方能补阙遗、探寻因果彰美善、育能养品助成长"为命制路径，厚植与筑牢家国情怀之精神底座，行主道、走正道、施王道，道道充满正能量，题题具有鲜明的教育意义和养育价值，彰显了"资治育人"的正向作用。

## 四、多元历史解释对未来广东卷的启示

中学历史教育的五大核心素养从某种特殊意义上讲都是以历史解释的形式呈现的。"在建构历史解释时，史家需要借助一定的理论和概念，并运用各种思维方法，以确定史实，探明因果，阐释意义。历史解释一般是对具体历史问题的解答，而最高层次的历史解释，有可能成为某种理论。"唯物史观就是这样一种最高级别的历史解释。时空观念与史料实证实际上也是隐性的历史解释：创造历史的人类与记载历史的当事人或后人附着了他们一定的时间和空间主观坐标，或皇帝年号，或公元纪年，或通史、断代史、阶段史等，或某个具体时段历史叙事具有时间特征，使用那种纪年对历史当事人或历史解释者来说，背后都隐含着了他们的历史解释。只有基于主观给予的相对客观的时空坐标点与范围，人类才能获得全面把握历史事件的能力与机会，才能挖掘出历史背后的决定性因素，才能对历史进行合理解释，才能在过去、现在和将来建立起顺畅沟通与关系。时间凸显历史事件的整个过程和前因后果，不同空间彰显历史的特别性、独特性与差异性。史料实证则体现了记载人与传承人的主观意识或主观选择，如立场、观点、方法，甚至是偏见等，解释色彩更加浓厚。为什么选择这段史料，而不是其他史料；为什么记录这段史料，而不记录其他史料。历史解释本身与家国情怀即是显性的历史解释，其指向性十分明确。家国情怀是养育人的精神食粮，以滋养学生成长为主要目的，那些真实可信的且具有教育意义和养育价值的历史解释就是显性的家国情怀。未来的广东卷命题，依然会如全国卷一样，在立足主干知识的基础上，从多元视角隐性介入历史，即未来高考主要考与教材不同的历史解释。

第一，不同的历史解释为命题专家和学生提供了新的视角，同一历史阶段

或同一历史事件可以用不同的史学范式进行多维度诠释。

依据新课标和近五年全国卷高考命题走向，在高三历史复习中，中国古代史更适宜应用文明史范式建构知识体系。世界近代现代史可突出运用现代化范式和整体范式建构知识体系，了解世界现代化的发展阶段，英、法、美、德、日、俄现代化的进程与特点，对各国现代化的模式与经验教训进行初步比较。中国近代现代史则可以革命史范式为主兼顾现代化范式建构知识体系。

【例】现代化范式的主要代表罗荣渠先生在研究中国近现代历史时认为：从现代化视角看，鸦片战争以来中国发生的极为错综复杂的变革都是围绕着从传统向现代过渡这个中心主题进行的，这是不以人们意志为转移的历史大趋势。有了这个中心主题，纲举目张，就不难探索近百年中国巨变和把握中国近现代史的复杂线索。他的几个主要观点就很容易成为高考命题的创新点。

一是近代中国自1840年以来的150余年历史的发展趋向，罗荣渠先生用"衰败化、半边缘化、革命化、现代化"这"四大趋向"来表示。"衰败化"指"国家政治权威的衰落与立国的阶级基础农业和农村的衰败"。与内部衰败化相连的是外部力量不断导致中国的"半边缘化"。"鸦片战争后，西方资本主义的入侵，导致以中国为中心的东亚朝贡体制瓦解，中国仍保有主权与独立，但逐步沦为新兴的西方资本主义世界体系的半边缘地位。这一趋势称之为半边缘化。"半边缘化与半殖民地化有高度重合的地方，即帝国主义对中国的政治侵略与经济掠夺，等等。不同之处是半边缘化突出了资本主义世界体系的整体性，中国是以沦为半殖民地的形式被强行纳入资本主义的世界体系的。正是由于半边缘化的趋势，才使清王朝的内部衰败化没有走向另一次的王朝循环，从而迫使近代中国寻求新的发展方向。

二是近代中国的"三大矛盾"是：殖民主义侵略和反殖民主义侵略的矛盾；资本主义新生产方式与中国古老的小农与手工业结合的生产方式的矛盾；以基督教文化为核心的现代工业—商业文明与以儒家文化为核心的农耕文明的矛盾。近代中国的发展处于以大工业生产力为推动力的资本主义向全球扩展并把所有国家和地区纳入资本主义世界体系的过程，也是中国在世界现代化大潮推动下不断求变求新、追求自身现代化的过程。

三是面对内部衰败化和半边缘化，中国社会发展的客观要求是要改变这种趋向，遏制这种趋向的方法有两种：激进的革命手段和温和的自救运动，两者的目标都指向现代化。对衰败化和半边缘化的真正遏制，是靠革命完成的。革命还有充当现代化加速器的重要作用。从现代世界的总体发展趋势来看，以工业化为中心，以中华民族复兴为目标的中国现代化，是近代中国发展的最高要求，也是一代又一代志士仁人致力于改革（和平手段的自上而下的变革，但并不排除流血牺牲）与革命的目的所在。探求解决现代化问题的手段，应当包括革命（失败的和成功的革命）和改革（失败的和成功的改革）两种基本手段。

四是就近代中国现代化探索的最一般内容而言：19世纪60年代的洋务运动开启了近代中国对现代化的尝试之门：前期的军事现代化努力和后期的经济现代化尝试及为现代化进行而培养的技术工人，翻译人才等，使得文化层面的现代化也由此启动，应该说成绩还算不错，但是1894—1895年的中日战争打断了这种现代化尝试，从而出现现代化的第一次断裂。甲午战败使中国的先进分子看到仅从器物层面进行现代化是不够的，关键在于体制的现代化。于是又有了戊戌变法及晚清新政这两次政治上的现代化尝试，前者被清政府上层顽固派扼杀，后者也为清朝亲贵出于私利一再延误所断送。辛亥革命建立了共和体制，在政治层面从形式上完成了政治现代化的模式转变。但是，这次政治层面的模式转变并没有真正完成，从而使得1911—1949年间，共和体制下的"国家重建"成为中国现代化的首要任务被凸显出来，而这个任务直到1949年新中国成立才完成。基于这一时期现代化的首要前提没有实现，而第一次世界大战又造成了人们对资本主义文明的普遍怀疑，同时世界上又出现了与资本主义现代化模式并存的社会主义现代化模式，这样，中国的现代化也就表现为各种形式：既有国民党在城市的仿效德国保守型的资本主义现代化，又有共产党领导下的部分苏区的仿效苏俄的以社会主义为目标的新民主主义现代化模式；又有一些知识精英在各地进行的地方自治的现代化尝试；还有经济层面的实业现代化的小高潮以及文化层面的现代化思潮大论战等。

这样，为了自救、自强，中国社会各阶级都进行了不懈的现代化尝试，可以说"中国几乎对西方出现过的各种现代化模式都进行过快速的试选择"，"经历了三次大的模式转换，出现了三次现代化的局部断裂"。这三次模式转换，一是以辛亥革命为标志，在君主制下自上而下的渐进改良型的现代化进入共和体制下的国家重建时期，20年代开始的国民党统治下仿效德国保守型的资本主义现代化；二是以1949年革命为标志，由资本主义模式转变为社会主义模式，开始了仿效苏联模式的社会主义现代化。三是以1979年改革为标志，开始重大转变，探索具有中国特色的社会主义现代化。这都表明近代中国百余年中，现代化体现出丰富的内涵，表现出了多元性和多线性。

当然，多元历史解释，也不是"万金油"，或"放之四海而皆准"的绝对真理，不可能对所有的历史阶段或每一历史事件作出最接近真实的解读。不同的史学范式各有自己的侧重点和重点解释的历史对象，一种史学范式可能对某一个特定的历史阶段或某一特定的历史事件可以作出最合理的诠释，但放在另一历史阶段或另一件历史事件就可能不一定完全适合，如强用之则可能是削足适履。因此，学生在历史复习过程中就必须在老师的指导下，根据不同历史阶段的特点和不同历史事件的实际通过适用最恰当的史学范式来解读，或者用几种不同的范式从多角度来诠释同一历史阶段和同一历史事件。做到既"量体裁衣"，又不时"更新款式"，以备应对广东卷的要求。

**参考文献：**

[1]（法）阿隆.论治史[M].冯学俊，吴弘缈，译.生活·读书·新知三联书店2003：185.

[2]（英）科林伍德.历史学的原则[M].上海：上海译文出版社，2019：140.

[3]（德）雅斯贝斯.历史的起源与目标[M].桂林：漓江出版社，2019.

[4]李剑鸣.历史学家的修养和技艺[M].上海：上海三联书店，2007：278，280-281.

[5]毛经文.基于长时段大时代的主题式命题—2017年高考全国文综1卷历史变化与启示[J].历史教学，2017（8）.

[6]班固.汉书·食货志[M].西安：三秦出版社，2008.

[7]司马迁.史记·平准书[M].北京：中华书局，1982.

[8]司马迁.史记·孝武本纪[M].北京：中华书局，1982.

[9]司马迁.史记·平准书[M].北京：中华书局，.1982

［10］班固.汉书·货殖列传［M］.西安：三秦出版社，2008.

［11］［14］［15］班固.汉书·食货志［M］.西安：三秦出版社，.2008.

［12］徐蓝.关于历史学科核心素养的几个问题［J］.课程教材教法，2017（10）：25-34.

［13］韩永红.从历史的角度看宪法变迁的互动与妥协［J］.厦门特区党校学报2008（2）.

［14］廖志刚，任中平.论政治妥协与社会和谐［J］.内蒙古社会科学，2006（6）.

［15］俞睿.社会冲突与政治妥协：社会和谐的内在张力［J］.浙江社会科学，2008（6）.

［16］夏尔·德·托克维尔.论美国的民主［M］.董国良，译.北京：北京商务印书馆，1988.

［17］钱乘旦，陈晓律.英国文化模式溯源［M］.上海：上海社会科学院出版社，2003.

［18］程汉大.英国政治制度史［M］.中国社会科学出版社1995

［19］王希.原则与妥协：美国宪法的精神与实践》［M］.北京大学出版社，2000.

［20］陈明明.政治不稳定与政治妥协［J］.探索与争鸣，1993.

［21］王锦瑭.如何评价美国内战前的几次妥协［J］.世界历史，1986.

［22］何顺果.美国史通论［M］.上海学林出版社2001.

［23］应克复.西方民主史［M］.中国社会科学出版社1997.

［24］程汉大.17世纪英国宪政革命的博弈分析［J］.南京大学学报（哲学·人文科学·社会科学），2004（1）

［25］龙太江.妥协理性与社会和谐［J］东南学术2005（2）.

［26］李剑鸣.美国宪法何以成为活着的宪法.美国研究，2000］（2）.

［27］陈明明.政治不稳定与政治妥协［J］.探索与争鸣1993

［28］龙太江.妥协理性与社会和谐，东南学术，2005（2）

［29］龙太江.政治妥协的根源、价值与类型［J］.探索与争鸣，2002（5）

［30］罗维.政治妥协的马克思主义思想史考察.社会科学战线，2008（6）.

［31］俞睿.社会冲突与政治妥协：社会和谐的内在张力.浙江社会科学，2008（6）.

［32］胡锐军.政治冲突治理视域中的政治妥协运用［J］，1993（2）.

［33］游盛华.从1875年宪法看第三共和国政治生活.法国研究，1988（2）.

［34］沈坚.试论法兰西第三共和国政治制度中的稳定因素.杭州大学学报，1988（3）.

［35］雨果.九三年.叶尊，译.上海译文出版社，2007.应克复.西方民主史［M］.中国社会科学出版杜，1997.

［36］朱学勤.道德理想国的覆灭从卢梭到罗伯斯庇尔［M］.上海：上海三联书店，2003.

# 选择题型在稳定中走向成熟

从2012年开始，国卷选择题布局越来越稳定，也越来越成熟；厚古薄今与强中弱西的命题布局将会是今后新粤卷高考命题的长期追求与规律。具体体现在以下几个方面。

## 一、选择题宏观结构

从选择题的宏观结构来分析，12道选择的分布已基本稳定了下来，连续五年稳定在"四四四"结构。即中国古代史4道，中国近现代史4道，世界历史4道，形成完整的等边三足鼎立格局。如果从通史视角来考察选择题的话，古代史是4加1共5道，近代史是2加1共3道，现代史是2加2共4道，也是基本的三足鼎立格局。各个选择题对应的历史时期与阶段或历史内容也已基本确定：第24题是先秦题。第25题是秦汉隋唐交叉题。第26题是宋元题。第27题是明清题。第28题是近代史前期题（甲午战争为界）。第29题是近代史后期题（1919年止）。第30题是现代史前期题（1949年为界）。第31题是现代史后期题（国史题）。第32题是希腊罗马交叉题。第33题是世界资本主义制度确立题。第34题是世界经济发展与苏联交叉题。第35题是世界现代经济题。

### 全国一卷2011年至2019年选择题命题分布表

| 年份＼时期 | 中古史 | 中近史 | 中现史 | 世古史 | 世近史 | 世现史 |
|---|---|---|---|---|---|---|
| 2011 | 3 | 3 | 2 | 1 | 2 | 1 |
| 2012 | 5 | 2 | 3 | 1 | 0 | 1 |
| 2013 | 2 | 1 | 2 | 1 | 2 | 4 |
| 2014 | 4 | 2 | 2 | 1 | 1 | 2 |

续 表

| 年份\时期 | 中古史 | 中近史 | 中现史 | 世古史 | 世近史 | 世现史 |
|---|---|---|---|---|---|---|
| 2015 | 4 | 2 | 2 | 1 | 1 | 2 |
| 2016 | 4 | 2 | 2 | 1 | 1 | 2 |
| 2017 | 4 | 2 | 2 | 1 | 1 | 2 |
| 2018 | 4 | 2 | 2 | 1 | 1 | 2 |
| 2019 | 4 | 2 | 2 | 1 | 1 | 2 |
| 2020 | 4 | 2 | 2 | 1 | 1 | 2 |

## 二、主干知识规律

4道中国古代史选择题分布呈现出这样的规律：其一是五选四。先秦命一道，秦汉与三国两晋南北朝隋唐史交叉命一道，五代十国辽宋夏金元命一道，明清命一道。其二是同一时期的不同高考年份基本上政治、经济、思想文化轮流坐庄，坐庄方式是一年一轮流或五年一轮流。

中国近现代史和世界史的选择题也是这个基本规律，如世界古代史的选择题一般是在第32题，命题主要内容也基本上是在古希腊和古罗马交叉进行。第32题所呈现的规律给了四个启示：其一是本题基本上稳定于考世界古代史题，而教材的世古史只有雅典与罗马，它呈现出了每年一道的规律。其二是这道题的题号已基本稳定在第32题，雅典的民主与思想文化和罗马法制交替出题。经查阅，2017年二卷就考了雅典的民主政治，说明希罗是年年各命一道题，各放一道在一卷或二卷。其三是本道试题有一定的难度，一般是考学生对雅典民主制与罗马法制的专业化理解和深度认识。其四是连续四年考罗马的法制，主要应对现实中加强法制建设的长效热点。

## 三、选择题类型丰富

五年全国卷12道选择题涵盖了十五种类型（概念型、数据型、比较型、判断型、推理型、程度型、因果型、排序型、情境型、图片型、评价型、组合型、阶段特征型、史学研究型、文化常识型等）中的十三种，只有排序型和组合型没有在五年高考中出现。选择题通过这十三种类型更大程度地考查了学生运用知识的能力，具体体现在考查考生对历史本质的理解、对主干历史知识（横向来说是重要事件、重要人物、重要制度。纵向来说是时间、地点、个体或群体的人物、过程或内容、评价或意义和影响等五个要素）的运用水平上。考生可以通过常识、时间、空间、概念、史实、逻辑、规律、语法、程度、数据这十种判断方法来解答和选取选择题答案。如选择题第28题就是典型的阶段特征题。运用时间判断，可知中国关税主权开始丧失是在鸦片战争后，中国市场上的洋货日益增多应在第二次鸦片战争后，排除A。运用概念判断可知，近代中国商品经济始终没有取代自然经济，排除B。运用史实与概念判断可知，19世纪中期以后，火柴、洋布等洋货是日常生活用品，遍及城乡，C正确。运用时间判断可知，中国市场主动开放是在19世纪末甲午战争中国失败之后清政府自开商埠，排除D。

以2016年年第28题为例：

28. 19世纪中期以后，中国市场上的洋货日益增多，火柴、洋布等用品"虽穷乡僻壤，求之于市，必有所供"。这种情况表明

A. 中国关税主权开始丧失

B. 商品经济基本取代自然经济

C. 19世纪中期以后民众生活与世界市场联系日趋密切

D. 中国市场由被动开放转为主动开放

## 四、备选项方式多样

五年的12道选择题四十八个备选项主要是采用知识干扰、概念干扰、阅读干扰、语法干扰、逻辑干扰、理解干扰、程度干扰、转换干扰、思维干扰、视野干扰这十种干扰方式来对选择题进行有效干扰的。考生在做题过程中若出现了时空观错乱、想象力过剩、基本常识欠缺、零和二元思维、语文功底薄弱、逻辑思维跑偏、历史概念不清、判断方法单一、学术阅读匮乏、心智不够成熟这十种思维欠缺，哪怕只是一两种上述现象，也同样会让你的选择正确率大受影响，正是这种多样化的干扰方式让五年选择题的区分度良好到位。如第33题，A项是知识干扰，1689年《权利法案》即确立了议会权力至上的原则，议会有权制约国王，排除A。B项是正确答案，即内阁制形成是英国君主立宪制最

终确立的关键一环，当时英王仍然拥有独立的行政权，尚未统而不治，内阁只是协助国王处理政务；英王的行政权是逐渐转移到内阁的，统而不治是慢慢形成的。C项是史实干扰，内阁制是1721年才形成的，排除C。D项是理解干扰，《权利法案》并没有遭到破坏，排除D。

以2016年第33题为例：

33. 1702年英国国王威廉三世去世，安妮女王即位。当时议会内部存在两个党派，安妮厌恶占多数席位的辉格党，于是解除了辉格党人的行政要职，代之以托利党人。这说明在当时英国

A. 议会无权制约国王　　　　　B. 君主立宪制尚未完善

C. 内阁制已基本确立　　　　　D. 《权利法案》遭到破坏

## 五、五年国卷每年的12道选择题考了什么

高考选择题命题不是杂乱无章，从2016年到2020年五年国卷，每道选择题都体现出了自己独有的规律，现梳理如下，供老师在后期复习时参考。

**第24题先秦题**

规律与启示：

一是命题范围集中在先秦时期。

二是命题内容集中在经济史与政治史。重在历史概念的理解与历史认识。

三是文化史、政治史、经济史跨年度交替进行，即2011年文化史、2013年政治史、2015年经济史，2017年是政治史。如果上述规律成立的话，2018年可能不考本阶段题了，而让24题考秦汉。但如果基于传统文化热的话，2018年要考也极可能考先秦文化史了。

四是先秦文化中的礼乐制与诸子百家等主干知识点值得大家重视。特别是礼乐制各个版本教材上都没有，课标没规定学，考纲很模糊，对当前的政治热点有重要的借鉴意义。

五是估计试题难度会比较大。难在全面准确理解历史概念和历史认识上，四个备选项相互干扰与迷惑度较大。

六是读懂材料也是本题难点之一。

**第25题：秦汉隋唐题**

规律与启示：

一是命题范围相对集中在秦汉三国两晋南北朝隋唐时期，有时也考中国古代史一拉到底的专题。偶尔涉宋，但近几年已稳定在本时期。是高考命题的高频点。双年两道，单年一道。朝代主要集中在汉代（六题），南北朝一题，隋唐一题。下一步的命题重点是隋唐了。

二是命题内容相对集中在经济或政治，本题很少考文化。即使考文化也集中在思想方面。命题难度偏高，主要体现在对历史知识的全面理解与认识上，往往找一些让考生想不到的角度。本题很少考文化，核心点是盛与衰。特别注意七大格局的初步形成：其一是统一国家格局的初步形成；其二是君主专制中央集权政治格局的初步形成；其三是多种土地制度基础上的封建小农经济格局的初步形成；其四是以汉族为主体的民族融合的多民族格局的初步形成。其五是对外交流开放格局的初步形成。其六是以儒家为主体的重伦理思想格局的初步形成。其七是以应用技术为主的领先世界的传统科技与文化格局的初步形成。

三是2018年考政治的可能性很大。如何认识秦朝建立专制主义中央集权制度的进步性、历代加强专制主义中央集权制的措施及其演变趋势（制约的失败与调适的成功）、全面理解和认识汉武帝的盐铁专卖制度和唐代的三省六部等盲点。唐代已成为民族复兴的标杆朝代，高考命题已有了从宋代上移到隋唐的趋势，2017年本时段从秦到唐朝连续考两道题，即是最好的说明。

如汉初几位皇帝都在想办法解决面临的三大社会问题：贫穷、王国、边患。贫穷问题解决得最好，王国问题还没有彻底根除，边患问题基本还没有解决。汉武帝要实现从无为到有为，就必须要解决王国问题和中央集权的问题，至于前任遗留下来的边患则更要花更大的力气去解决，在"安内"的基础上实现攘外。因此，他采取的重大举措有：中朝、刺史、察举；推恩令、附益法、左官律；罢黜百家、独尊儒术；盐铁官营；反击匈奴等。基本解决了王国问题、边患问题，并开疆拓土；加强了中央集权；形成了礼法结合的文化人传统；强化了重农抑商的传统。当然，也有过度有为的不足，如西北频繁用兵又导致新的社会矛盾，晚年曾下《轮台罪己诏》以示忏悔。

第26题：五代十国宋元题

启示与规律：

一是命题范围集中在宋元，特别是宋代文化，而其中最热点的是宋明理学，几乎年年考，最受命题专家宠爱。是一个永恒的重点、热点，2018年建议大家依然要重视宋明理学，特别是陆王心学。虽然2017年什么都没考，热点一下子成为冷点，说不定冷藏一年又可能重新发热。2017年宋代空白，是一个很重要的提示。以后复习不但要重视宋代，还要重视秦到唐。

二是命题内容主要集中在宋元文化，即使是考宋元经济史，最后的落脚点中依然是宋元文化。具体有四大重点：一是中央集权的加强；二是民族关系；三是从宋太祖到王安石变法的内在联系；四是少数民族的封建化。

三是应该说本题是古代史中四道试题中难度最大的一题，难在教材很简单，考题很细、很难。不熟练而生恐惧，其实不是真正意义上的难。

四是2016年已考政治的宋代重史传统，2018年要么考宋元文化与理学，要么考宋元经济发展带来的新变化，交替进行。特别是宋代解决政治问题的政治智慧，很值得我们重视。

附1：作者总结与整理关于宋明理学的一些新认识。

**一、从功利之学走向信仰之学**

1. 理论哲学化：世界本原是理，认识方式：格物而致知，发明本心致良知。

2. 目标圣人化。从学而优则仕到学而优则圣，确立终生追求的目标。

3. 追求路径化。有十三条途径让你成为圣人。

4. 传播书院化。书院到处兴建，著名有"四大"。

**二、从高居庙堂走向民间百姓**

1. 成功解决三纲中的另外两纲：夫为妻纲、父为子纲。

2. 从娃娃抓起：宋代蒙学教材的广泛流行。

3. 儒家乡绅影响和把持地方底层。

附2：唐宋变革依然是高考重点

唐宋变革依然是未来新粤卷高考历史学科命题的重点，命题估计会突出一个"变"字，变中有新，新中出活。估计有一道选择题或主观题的一问。具体是以下六个方面的变化。

第一，在政治上表现为：一是从贵族政治走向官僚政治，由贵族门阀政治向科举官僚政治转变，社会阶层由贵贱分层走向贫富分层。二是地方监察体制向固定型、多元化、多层面的方向转变。三是乡村管理由单一的乡里制向乡役制、保甲制等多种形式转变。四是家族组织形态由北方政治型世家大族为主走向东南血缘型家族为主。

第二，在经济上表现为：一是从以国家土地所有制为主走向以地主土地私有制为主，两税法取代了租庸调制。二是由唐代的农奴制走向宋代的封建租佃制。土地交易从注重申牒到着眼于割税，反映出唐宋之际国家对土地交易控制逐步加强的趋势，标志着土地管理制度的逐步成熟。三是商品经济进一步发展，城市走向开放，市民阶层形成。四是商业政策由唐代专卖榷利制向宋代的征收商税制转变，扶持商业的政策出台并得到实施。政府对市场的管理由强权管理向市场化管理迈进。五是农村消费水平增长，货币性消费增加，奢侈性消费突出。南方网络结构城市市场形成，并成为全国主要商品发散地。六是对外贸易中心由西北陆上转移到东南海上，奠定了古代中国海上贸易的基本格局和基本范围。七是宋代将各种征商行为法制化、规范化，在中国古代首次形成了系统的征收制度。

第三，在文化上表现为：在儒学的基础上产生了理学，文化中心由中原转移到长江中下游。

第四，在军事上表现为：募兵制取代了府兵制。

第五，在教育上表现为：受教育对象不断下移到平民百姓，普通百姓能享受到更多的受教育机会，教育不断平民化，而且低龄化，科举取士平等面向每一位读书人，不再过问家庭出身。

第六，在风俗习俗上表现为：婚姻、社交打破了严格的士庶界限，通过立法形式保护和限制婚姻，形成了具有时代特色的婚姻制度。

附3：对两宋时期阶段特征的概括、认识与理解

经济：宽松的经济政策，紧张的政府财政，活跃的商业经济，成长的市民阶层；南移完成的经济重心。

政治：强化的中央集权，叠层的政治架构，开放的文人仕途，活跃的议政氛围；

文化：科技创新的高峰，三教合一的理学，走向大众的文学艺术；

民族关系：并立的民族政权，高度的民族交流，压迫的民族空间，强烈的民族意识；

对外关系：发达的航海技术，繁荣的对外贸易。

**第27题明清题**

启示与规律：

一是命题范围集中在明清时期，或一拉到底的中古史专题。统一的多民族的中央集权的封建国家长期处于世界领先位置，统一与分裂、治世与乱朝、融合与隔阂、明主和昏君、交流和封闭是这一时期的关键词。这一阶段历史耐人寻味，高考命题更是让人回味。

二是命题内容相对集中于文化和经济发展的变化上。偶尔也考专制的强化，2016年正好考了这个点。儒家的发展变化过程也不容忽视：从学术思想→政治思想→统治思想、政治理念→哲学命题、官方哲学→衰落嬗变等。

三是难度都要低于前三道，考生要确保做对。

四是政治、经济、文化交替命题，2016年明代提高行政效率，2017年提振经济。2018年可能是政治方面或思想方面的内容，政治性2017年已考中西比较，文化与科技可能性更大了。中国古代土地制度是社会问题的调节器；中国古代商品经济是社会发展的润滑剂，也不可忽视。甚至还可以探寻在专制主义中央集权体制下是如何落实的，具体的实操策略是什么。教材上只讲了如何加强中央集权的，但没有讲历朝历代是如何具体落实的。教材重点呈现管理地方的制度，如何实际操作与落实这些制度却是盲点，也是高考命题将要关注的重点与热点。因为中央对地方无论是采用哪一种地方管理制度，都有一个如何落实的问题。如果以郡县、行省为例，他们都遭遇三个不可回避的实操问题：其一是层级问题。地方管理机构的层级，设二级好还是三级好？或者是复合式好？因此，层级中的"辨方正位，体国经野"是关键。其二是幅员问题。每一个郡或一个行省，管理多大面积或多少人口合适，即幅员是大好还是小好？因此，幅员中的"量地制邑，度地居民"是关键。其三是边界问题。郡或行省之间的边界（省界、州界和县界）如何接壤？是像美国州与州一样横平竖直好还是曲线最美？边界如何相接才有利于中央集权。因此，边界中的"山川形便，犬牙相入"是关键。三者的核心是对地方进行有效管理，在寻找三个维度平衡点的基础上突出层级是三者的核心因素。如果有兴趣了解这个问题，请关注本人专门制作的课件："层级·幅员·边界——中国古代中央集权管理地方之实操策略"。

**第28题中近前期题**

启示与规律：

一是1919年之前的中近史一般是命两道选择题，前一道，后一道。本题是前一道，命题范围主要集中在晚清前期，以甲午为界。

二是命题内容前几年一直都是考外国侵略导致中国经济结构的变化，估计2017年不会有太大的变化，依然是经济结构的变动，特别是经济结构变化。如思想解放过程也不容忽视：近现代中国向西方学习的必然和规律（学习的必然性、学习的主题、学习的特征等）。学习西方与发扬优秀文化传统的关系。中西文明碰撞的必然趋势与选择。新文化成长之路。

三是本题难度不会太大，考生应该比较好拿分。

**第29题中近后期题**

启示与规律：

一是本题一般是中近史的第二题，命题范围主要是甲午到五四运动，是中近史命题选择题的重点区。

二是命题内容主要集中经济变化、政治思想变化，特别是社会变化（包括习俗变化）。这一历史阶段在高考命题有两个无法回避和绕不过去的中心问题：其一是辛亥革命从兴起、高潮到失败的过程；其二是抓住辛亥革命失败后，北洋军阀取代清政府成为帝国主义新的代理人，革命派继续为维护民主共和的果实斗争，但屡战屡败。中国社会黑暗至极，但就是在一战前后的中国，由于内外多重因素的作用下，中国革命开始发生伟大的转折。其三是历史上两大黑暗时期：北洋军阀的黑暗统治和中世纪欧洲的黑暗。两大黑暗时期都有自己的亮光，黑得发亮，暗中有光，这些光亮点有可能就是高考命题的切入点。

如北洋时期。北洋军阀时期从1912年3月袁世凯在北京就任临时大总统开始，到1928年底张学良东北易帜结束，持续16年，这一时期的历史年年都是全国题或各省题特别是广东题的命题"重灾区"。传统观点认为北洋军阀统治是历史上最黑暗的时期，殊不知就是这个最黑暗的时期却有着20世纪非常难得的几缕"光亮"，估计这些"光亮"是近几年高考需要引起我们注意的地方。

其一是从宏观的角度来看：在整个20世纪的历史中，北洋政府时期在民主政治方面所取得的成绩是近代以来一个亮点。因此，北洋政府时期在20世纪中国现代民主政治发展史中占有重要地位，是中国人的一次民主政治试验。

其二是民族资本主义的短暂的春天，不仅仅是帝国主义暂时放松了对中国的侵略，而且与北洋军阀政府奖励实业的政策分不开的（北洋政府的贡献为命题者考查学生多向思维提供了一个极佳的视角）。为新文化运动、中国由旧民主主义革命向新民主主义革命转变和中国共产党的建立奠定了经济和阶级基础。

其三是北洋政府在维护国家主权方面，也作了一定的努力。如：坚决反对英国对西藏的分裂活动，拒绝承认非法的"麦克马洪线"（有现实意义），在巴黎和会上中国代表据理力争，反对帝国主义强加给中国的无理要求，并拒绝在损害中国主权的《凡尔赛和约》上签字（战胜国与大国形象）。以上这些史实，都是很好的材料和命题角度。

其四是政府对人们的思想控制较松。北洋军阀统治期间，思想自由，资产阶级民主、自由、科学、天赋人权、法制等思想和马克思主义思想在中国都得到广泛的传播，出现思想大解放潮流，促进了中国人民的觉醒，为中国由旧民主主义革命向新民主主义革命转变和中国共产党的建立奠定了思想基础。

三是本题难度中等，比上一道中近史选择题，要稍微难一点，主要是难在考生的不熟悉和本阶段历史发展的特别复杂上。正是因为复杂，所以命题空间十分辽阔，同时也是主观题命题的重点区。

四是梁启超是命题材料的首选处，建议大家多多关注他的文章与观点。

**第31题：中现国史题**

规律与启示：

一是本题是中现史的第二道选择题，命题范围主要集中在中华人民共和国史。命题重点集中在新中国建立后的前十年和改革开放后四十年。

二是命题内容主要集中在探索社会主义建设道路上。如工业化发展路径，重在历史概念的理解。又如：新中国成立后农村经济在反思中发展的四次调整、新中国成立后立足于发展的工业经济体制的重大转变、重在分配的改革开放之经济体制改革、具有极高探索价值的社会主义市场经济的建立。再如新中国建立初期毛泽东为什么把新民主主义社会阶段变更为过渡阶段，历史原因在哪里？

三是本题难度相对上一道题要小一些。考生相对比较容易得分。要难也是难在1949年-1956年之间的详细史实。本章节历史主要以背诵和理解历史为主。

**第32题**

规律与启示：

一是本题基本上稳定于考世界古代史题，而教材的世古史只有雅典与罗马。它呈现了一年交叉或两年交叉的规律。2013年、2014年是雅典民主制度，2015年、2016年是罗马法制。估计2017年、2018年又是雅典民主制度了。或者重回2011年的古希腊人文主义思想。

二是命题内容集中在雅典的民主政治与罗马法制。雅典的民主与罗马法制交替出题，估计2017年是出雅典题的时候了，或者出希腊文化题。

三是本道试题有一定的难度，要加强考生对雅典民主与罗马法制的专业化理解，提高认识。如：为什么中西方早期政治制度向两个不同方向发展？差异的原因是：中国远古人类起源于黄河、长江、珠江流域，平原多、易于交流，为形成大国提供了可能性；另外这一地理环境使中国人长期从事农业活动，随着生产力发展，逐渐形成封建小农经济。因为封建小农经济具有分散性，因此要用专制主义中央集权制度实现国家统一。而希腊山多、海多、港口多适宜从事工商和航海业，逐渐使希腊人形成了平等、民主、协作的民族精神，又因为山多、海多、港口多把希腊人的居住地域分割开来，使希腊逐渐形成小国寡民的特点，所以希腊雅典选择了小国寡民的民主政治。

**第33题世资确立题**

规律与启示：

一是本题一般是考世界近代史，而且只命一道选择题，留有其他空间命制主观题。

二是命题内容相对集中早期资本主义制度的确定，具体体现在政治制度方面；经济思想方面命制主观题可能性比较大。

三是前几年已考美国英国，2017年有可能考法国。

四是本题有一定的难度。最容易考历史老师的水平。对主要国家民主政治制度建立的准确理解。政治学要求比较高。本题属于考生容易失分题。

**第34题世现苏联题**

规律与启示：

一是世界现代史一般出两道选择题，一道是在1919年至1945年之间，另一道是在1945年以后至今，本题命题集中在1919年至1945年之间。命题集中在三条基本线索之中：其一是帝国主义由一战后的动荡调整到形成暂时稳定局面，再到大危机后走向新的动荡爆发新的世界大战，核心是帝国主义彼此间深刻而又复杂的矛盾；其二是俄国经二月革命到十月革命后经过曲折巩固政权，恢复经济探索建设社会主义的道路。其三是东方的革命运动进入新时期，到30年代和反法西斯结合起来。

二是命题内容主要是两次世界大战及之间、两大体系、危机与新政等，但考的更多的还是苏联社会主义建立与建设的探索，经济全球化没怎么考，不管考什么都是以考经济为主。估计2021年考经济全球化、苏联和罗斯福新政的可能性比较大。

三是以考苏联为主，重点集中在苏联社会主义建设道路探索与建设的教训为主，偶尔也考其经验。难度适中，是学生争取拿分的题。

**第35题世现经济题**

规律与启示：

一是命题范围是1945年以后的世界现代史。

二是命题内容和重点主要集中在经济全球化、集团化、制度化、体系化。偶尔关注两极化与多极化。高考命题有七条重要线索：其一是资本主义阵营的稳定，高速发展，不平衡到趋于多元。其二是社会主义阵营的壮大，改革，解体到剧变，曙光（曲折发展）。其三是民族解放大胜利，殖民体系大崩溃，第三世界兴起。其四是国际关系领域两极格局到美苏争霸，两大阵营瓦解，再到冷战结束后多极化的明朗。其五是如何认识20世纪世界现代化发展道路上的三个重要改革调整机遇（20世纪20年代初的俄国，30年代资本主义大危机时期的美国，70年代末期以来的中国）。其六是当代资本主义新变化。七是当代资本主义新变化的实质。

三是本题难度不是太大，学生比较熟悉，是容易拿分的题。

四是2018年估计将继续命题于经济领域，但盲点两极化与多极化也不可忽视。

## 六、2021年起始的新粤卷选择题会怎么考？

从2021年开始，广东省自主命题，题型组合与题量分布均是未知数。根据广东省的相关文件，我们估计：题型依然是选择题与非选择题，其中选择题16道，非选择题4道。16道选择题比全国卷时代的12道选择题多了4道，这4道选择题相较于国卷来说，会增加在什么地方呢？总体来讲，16道选择题中，中国史与世界史是10∶6或11∶5，10∶6的可能性最大，全国卷时代12道选择题是8∶4。如果以10∶6为基准的话，中国史则有可能是增加两道，世界史增加两道。那么，中国史增加的两道选择题又会增加在何处？估计应该会增加在中国古代史和近现代史，增加一道中国古代史是铁定的，另一道是增加在中国近代史还是增加在中国现代史？则要看高考命题人员的心情与选择了，具有较大的不确定性。如果真的是增加一道中国古代史选择题，那么，相比较于国卷的中国古代史4道选择题，又会怎么增加呢？中国古代史的5道选择题会如何分布？从中学历史教材到史学界业已形成的共识，中国古代史一般分为六个阶段：先秦时期（远古–公元前221年）——中华文明的起源与勃兴、秦汉时期（公元前221–公元后220年）——统一多民族封建国家的建立与巩固、三国两晋南北朝时期（公元220–581年）——封建国家的分裂和民族大融合、隋唐时期（公元581–907年）——封建社会的繁荣、五代十国辽宋夏金元时期（公元907–1368）——封建经济文化继续发展、明清时期（公元1368–1840）——封建社会渐趋衰落，中国逐渐落后于西方。六大时期5道选择题。先秦、秦汉、隋唐、两宋、明清是固定要出选择题的。三国两晋时期，由于在教材上不是重点内容或主干知识，出选择题和非选择题的可能性相较于其他时期要少很多。五大历史时期，刚好出5道中国历史选择题，每一个历史长时段出一道选择题。第17题主观题的起始问，一般不会在先秦这一历史时期出现，主观题起始问很有可能在秦汉、隋唐和明清三大历史期中选择。因为秦汉与隋唐代表着历史的辉煌，明清代表历史的教训。全国卷中国近现代史总共是4道选择题，新粤卷时代可能是5道选择题，增加一道，这一道增加的选择题，基于广东是中国近代史重地，很有可能增加在中国近代史。如果一定要增加在中国现代史中，则基本上增加改革开放的历史，原因同样是广东是改革开放的先行试验区。如此一来，十道中国史选择题，则是中国古代史5道，中国近代史3道，中国现代史1道。

世界史6道选择题又会如何呢？全国卷时代世界史是4道选择题，新粤卷时代增加的2道世界史选择题又会增加在何处？我们估计，基于旧教材以希腊雅典罗马为代表的世界古代史，全国卷时代是1道，新粤卷时代依然是1道。增加的2道选择题一般会放置在世界近代史和世界现代史中，两大历史时期各增加2道。世界史6道选择题，世界古代史1道，世界近代史2道，世界现代史3道，或世界近代史3道，世界现代史2道。

16道选择题的"钦定"现实，中外10∶6或11∶5的选择题结构估计要持续一段相当长的时间。这也是一种稳定与成熟的选择，中学历史老师和考生可以依据这个预估进行资料选取和限时训练。